"Crudo. Auténtico. Valiente. Real. Encomiable. No hay otro libro como este. Siempre que tomo un libro de David en mis manos tengo un sentido de emoción y —sinceramente— de aprensión a la vez, porque sé de antemano que van a quedar expuestas áreas de transigencia y complacencia en mi vida. Pero este libro superó mis expectativas, por lo cual estoy agradecido. Y tú también lo estarás. Como escribe David: es tiempo de correr, no de caminar. Pongámonos en marcha".

J. D. Greear, presidente de la Convención
Bautista del Sur

"Extraordinario y desafiante. Sencillamente, nunca antes había leído un libro como este. Estoy muy conmovida. Ponle todo tu corazón a esta historia y observa cómo Dios abre tus ojos, cambia tu mente y ensancha los sueños que tienes para tu vida".

Annie F. Downs, autora de los *best sellers Valentía
en solo 100 días* y *Remember God*

"Si te atreves a leer este libro, podrías tener un encuentro inesperado con Jesús que te dejará tendido en el suelo a lágrima viva, como lo hizo la experiencia de David. Algo cambia dentro de nosotros cuando las necesidades prácticamente abrumadoras del mundo se presentan simplemente en la vida de una sola persona. Oro que tu compasión sea transformada en acción".

Santiago Jimmy Mellado, presidente y CEO
de Compassion International

"*Algo tiene que cambiar* te conducirá a una encrucijada en tu fe: ¿para quién y para qué estás viviendo? Si el cielo y el infierno son reales y hay miles de millones de personas que no conocen a Jesús, entonces ¿qué vas a hacer al respecto? Prepárate para ser desafiado".

Jennie Allen, autora de *Nada que demostrar*
y fundadora de IF: Gathering

"Recomiendo de todo corazón *Algo tiene que cambiar*. Dios me habló a través de este libro y eso es lo mejor que puedo llegar a decir acerca de cualquier libro".

Randy Alcorn, fundador de Eternal Perspective Ministries y autor de *If God is Good*

"Fascinante. Demoledor. Crudo. *Algo tiene que cambiar* es un desgarrador peregrinaje físico y espiritual a través de zonas de profunda necesidad, áreas vulnerables y de opresión espiritual, así como también una hermosa y esperanzadora invitación a venir a penetrar la presente oscuridad con la luz de Cristo. Este material reavivará tu fe, te reorientará al llamado del Señor y te recordará la importancia y el valor de tu rol en la historia de redención de Dios".

Louie Giglio, pastor de Passion City Church, fundador de las Conferencias Passion y autor de *Nunca olvidados*

"Pocos de nosotros alguna vez escalaremos los Himalayas, mucho menos enfrentaremos el tipo de sufrimiento y la necesidad que la gente vive a diario en esa región y en todo el mundo. En *Algo tiene que cambiar*, David Platt nos presta un servicio al exponernos a las historias de vida con las que él se encontró en esa región montañosa. Todos queremos que nuestras vidas valgan, y Platt nos ayuda guiándonos a una visión precisamente para lograrlo".

Trillia Newbell, autora de *Sacred Endurance*, *Enjoy*, y el libro infantil *La gran idea de Dios*

"El mensaje del nuevo libro de David Platt, *Algo tiene que cambiar*, no podría ser más oportuno. Yo he presenciado la clase de situaciones desgarradoras que David describe, y coincido con él en que lo que tiene que cambiar para poder ocuparnos de ese sufrimiento somos nosotros mismos. Solo cuando nos rendimos a la obra trasformadora del Espíritu Santo en nosotros —que nos hace más como Jesús— es que podemos participar en la transformación que Dios está operando alrededor del mundo. Sé, personalmente, cuánto gozo puedo encontrar en permitir a Cristo que trabaje en mí y a través de mí de esta manera. Lee este libro, emprende este viaje y abre tu corazón al cambio que Dios quiere realizar en tu vida".

Edgar Sandoval Jr., presidente de World Vision U.S.

ALGO
TIENE
QUE
CAMBIAR

ALGO TIENE QUE CAMBIAR

**Que tu vida marque la diferencia
en un mundo lleno de necesidades**

DAVID PLATT

Autor de **Radical,** *bestseller* del *New York Times*

ORIGEN

Título original:
Something Needs To Change
A Call to Make Your Life Count in a World of Urgent Need

Primera edición: septiembre de 2019

Esta traducción es publicada bajo acuerdo con Multnomah,
sello editorial de Random House, una división de Penguin Random House LLC.
Publicado en asociación con Yates & Yates, www.yates2.com

© 2019 by David Platt
© 2019, Penguin Random House Grupo Editorial USA, LLC.
8950 SW 74th Court, Suite 2010
Miami, FL 33156

Traducción: María José Hooft
Adaptación del diseño de cubierta de Mark D. Ford: Penguin Random House Grupo Editorial
Ilustración: Peter Horvath / iStock via Getty Images

ISBN: 978-1-644730-39-3

Impreso en Estado Unidos — *Printed in USA*

Penguin
Random House
Grupo Editorial

A "Aron" y a todos aquellos a quienes representa.

Índice

Nota del autor

En algunas partes del mundo, seguir a Jesús es algo muy peligroso. La travesía relatada en estas páginas detalla cosas vistas y oídas durante distintos viajes por los senderos del Himalaya donde el evangelio no siempre es bienvenido. Todos y todo lo que aparece en este libro es real. Sin embargo, por razones de seguridad, se cambiaron algunos nombres clave, lugares y otros detalles para proteger a los involucrados.

¿Por qué lloras?

Me encontraba de rodillas, solo, en una posada en la base del Himalaya, con el rostro en el suelo, llorando. A mi lado estaba esparcida la evidencia de lo que había vivido la semana anterior: una mochila, bastones de senderismo y botas de montaña. Acababa de terminar un viaje de una semana por las montañas más altas del mundo y solo quedaban unas horas para mi vuelo de regreso a Estados Unidos.

Sin embargo, no tenía planeado terminar mi viaje con tantas lágrimas.

Hasta antes de ese día, podía contar con una mano las veces que había llorado de adulto. La última vez fue cuando recibí una llamada avisándome que mi papá había muerto de un paro cardíaco. Pero ese día, en esa posada asiática, fue distinto. Esta vez no estaba llorando porque había perdido a alguien o algo, mi llanto incontrolable era por lo que habían perdido otros (hombres, mujeres y niños que había conocido esa semana). Cosas como agua, comida, familiares…, libertad y esperanza. Deseaba tanto que ellos tuvieran estas cosas que no pude evitarlo. Caí al suelo llorando y la catarata de lágrimas no cesaba.

Qué necesitamos

Al recordar ese día en la posada, me pregunto por qué se me ha hecho tan poco común preocuparme tanto por los que están en necesidad. Pienso en todos los servicios de la iglesia a los que he asistido semana tras semana, año tras año, hablando y escuchando acerca de las necesidades de la gente alrededor del mundo. Pienso en todos los sermones que he predicado sobre servir a los necesitados. Hasta pienso en los libros que he escrito, como *Radical* (por Dios bendito), un libro que habla acerca de rendir nuestra vida por amor a Cristo y al mundo que nos rodea. Entonces, ¿por qué me resulta tan extraordinario estar conmovido por las necesidades de otros al punto de caer de rodillas ante Dios y llorar?

No creo que esta pregunta sea solo para mí. Cuando pienso en todos esos servicios, me basta una mano para contar las veces que otros cristianos y yo hemos llorado juntos por las personas que no tienen agua, comida, familia, libertad o esperanza. ¿No nos resulta muy extraña esa escena?

Eso hace que me pregunte si hemos perdido nuestra capacidad de llorar, si de forma sutil, peligrosa y casi sin querer hemos protegido nuestras vidas, nuestras familias y hasta nuestras Iglesias para que la Palabra de Dios no nos afecte en un mundo de necesidades urgentes tanto espirituales como físicas. Tal vez estamos contentos con lo que creemos en nuestra mente, pero no permitimos que esas creencias se ramifiquen en nuestros corazones. Si no, no podríamos explicar nuestra capacidad de sentarnos en un servicio donde cantamos y escuchamos sermones que celebran que Jesús es la esperanza del mundo, pero rara vez (si es que sucede) lloramos por aquellos que no tienen esta esperanza o actuamos para que ellos la conozcan.

¿Por qué hoy parece que estamos viviendo una vida que no es a la manera de Jesús? Jesús lloraba por los necesitados. Se compadecía de las multitudes. Amaba y vivía para traer salud y consuelo a los quebrantados. Murió por los pecados del mundo. Entonces, ¿por qué quienes tenemos su Espíritu no actuamos de la misma manera? Sin duda, Dios no diseñó el evangelio de Jesús para que nuestras mentes y bocas se queden encerradas en una iglesia, desconectadas de nuestros sentimientos y acciones en el mundo.

Sin duda, algo tiene que cambiar.

Pero ¿cómo? Cuando pienso por qué estaba así en el piso de esa posada, no fue porque escuché algo nuevo sobre el sufrimiento en el mundo o porque descubrí algo nuevo en la Palabra de Dios. En el largo vuelo a Asia, de hecho, había escrito un sermón entero acerca de la pobreza y la opresión, con cifras impactantes sobre los pobres y oprimidos que en la actualidad hay en el mundo. Había escrito ese sermón desde una perspectiva muy fría, que dejaba de lado los sentimientos. De alguna manera, observar las estadísticas de la pobreza e incluso estudiar la Biblia no habían tocado mi alma, pero cuando me encontré cara a cara con hombres, mujeres y niños con necesidades espirituales y físicas urgentes, se rompió ese muro que tenía mi corazón. Y lloré.

Claramente, el cambio que necesitamos no sucederá solo porque busquemos más información o escuchemos más sermones (es más, ni aunque los prediquemos), lo que necesitamos no es llenarnos la cabeza de explicaciones de la Palabra y el mundo, necesitamos una experiencia con la Palabra *en el mundo* que penetre el hueco de nuestros corazones. Necesitamos desafiarnos a enfrentar las necesidades desesperadas del mundo que nos rodea y pedirle a Dios que haga un trabajo profundo en nosotros para que nunca inventemos, manipulemos o hagamos que suceda algo solo para nuestro beneficio.

Esta es mi oración para las páginas siguientes.

Un riesgo

Al escribir este libro, decidí darle un enfoque diferente. Naturalmente soy más un predicador que utiliza la exposición y la explicación para comunicar sus temas, pero, como ya dije, creo que eso ya no lo necesitamos. Creo que lo que requerimos es una experiencia, un encuentro que lleve una verdad expuesta, explicada y más profunda a nuestros corazones, que no llegaría de otra manera.

Por eso en este libro quiero dejar de lado mi sombrero de predicador e invitarte a vivir conmigo este viaje a través de algunas de las montañas más altas de Asia. Te invito a comer lo que comí, a beber lo que bebí, a ver los rostros que vi, a tocar a las personas que toqué y, en todo esto, a sentir lo que sentí. Al final, quiero que pensemos en cómo podemos transferir este viaje al Himalaya a la vida diaria en el lugar donde vivimos. Quiero que imaginemos qué podría suceder si dejáramos llegar el evangelio a lo profundo de nuestros corazones de forma que cambiemos el curso de nuestras vidas, familias e Iglesias en el mundo.

Al utilizar mi viaje por la montaña como la escenografía de este libro, creo que hay un riego, tanto para ti como para mí. Para mí el riesgo es dejar la seguridad de la plataforma donde predico normalmente e incluso salir del escritorio en el que escribo siempre para compartir algunas luchas que tengo con cosas que predico y verdades que creo. Al invitarte a hacer este recorrido, mi deseo es mostrarte mis pensamientos personales y no ocultar mis dudas más profundas.

Por ejemplo, si el evangelio es real y Dios es muy bueno, ¿dónde están Dios, su verdad y su bondad en medio de la pobreza extrema y el dolor? ¿Dónde están su paz y protección para los oprimidos y explotados en este mundo?

¿Qué hay de la vida más allá de este mundo? En un universo gobernado por un Dios bueno, ¿el infierno existe y es cierto que dura para siempre? Si de verdad existe y no terminará, ¿por qué hay tantas personas que nacen en un infierno terrenal para después irse a uno eterno? ¿Los miles de millones que no creen en Jesús irán al infierno aunque nunca hayan tenido la oportunidad de oír de Él?

Te sorprendería saber que hasta un pastor como yo, que cree absolutamente en la verdad y veracidad de las Escrituras, aún lucha con dudas como estas. De verdad. Yo sé que una cosa es preguntarlo detrás de un púlpito en un edificio cómodo un domingo por la mañana y otra completamente distinta es hacerlo desde la ladera de una montaña, parado junto a un hombre cuya esposa e hijos murieron en cuestión de horas a causa de una enfermedad evitable porque no había medicamentos disponibles; o cuando estás frente a una niña de doce años que quiere tener sexo contigo porque para eso la vendieron y esclavizaron desde los diez años; o cuando observas un cuerpo incinerado en una pira funeraria y sabes que esa persona nunca escuchó hablar de Jesús.

Quiero correr un riesgo al compartir una mirada más profunda de lo que sucede cuando las convicciones más arraigadas de un predicador y escritor con tres títulos del seminario se tambalean ante la oscuridad del mundo que lo rodea y se encuentra preguntando honestamente: "Después de todo, ¿de verdad Jesús es la esperanza del mundo?".

Creo que aquí también hay un riego para ti. Para ser claro, solo para que lo sepas, te estoy salvando de muchos riesgos al escribir este libro. No tienes que volar en helicóptero a una parte remota del mundo, donde si te sucede algo malo, estás virtualmente desconectado, sin comunicación, y a días de distancia para conseguir ayuda. Te estoy ahorrando el riesgo de cruzar puentes a gran altura y de caminar por senderos angostos donde un resbalón podría significar la muerte. No debes preocuparte por el vértigo a las alturas, la amebiasis, la diarrea del viajero, la ciclosporosis, la giardiasis, la malaria, la hepatitis, o… creo que entendiste el punto. Basta decir "de nada" por salvarte de todos esos riesgos.

Pero no puedes evitar todos los riesgos al acompañarme en este viaje. No tenía idea de lo que sucedería en mi vida luego de una semana por esos caminos. Al invitarte a venir conmigo a estas montañas, te estoy pidiendo que te abras a la posibilidad de que la forma en que hoy ves tu vida, tu familia, tu iglesia o tu futuro no sea la misma cuando regreses. No sé si terminarás en el suelo llorando sin parar, pero sí espero que bajes la guardia, que no tengas filtro y, finalmente, te abras al nuevo mundo de lo que Dios quiere hacer en y a través de tu vida.

Así que si estás listo para este viaje, te invito a dar vuelta a la página.

Porque algo tiene que cambiar.

Preparación

Hasta un viaje corto al Himalaya necesita preparación.

Un pequeño equipo y yo estaríamos caminando por senderos montañosos a alturas mucho mayores de lo que alguna vez hubiéramos estado (sin contar cuando viajamos en avión). De una manera casi inimaginable, más de cien picos del Himalaya se elevan a más de veinticuatro mil pies (siete mil metros). Esta cordillera se expande por cinco países: Nepal, India, Bután, China y Pakistán (seis si cuentas al Tíbet).

Sabía que el viaje sería demandante físicamente, por eso hice *crossfit*, durante meses caminé en una cinta inclinada todos los días e hice senderismo en la montaña más alta que tenía cerca. Desafortunadamente, la montaña tenía apenas trescientos metros sobre el nivel del mar. Eso no es ni una colina en el Himalaya.

Además del entrenamiento físico, empacar para el viaje necesitaba una planificación cuidadosa. Cada miembro del equipo tendría que cargar todas sus cosas, sin ayuda de los sherpas o de yaks. Así que el objetivo era que el peso de toda nuestra ropa y pertenencias no superara las veinte libras. Como deberíamos dormir a gran altitud y temperaturas heladas, debíamos llevar un saco de dormir especial para temperaturas de 15 °F.

En la mochila también debíamos llevar:

- Una muda de ropa para mitad de camino durante el viaje.
- Una toalla pequeña y elementos de higiene básicos.
- Un sombrero, protector solar y lentes para protegerse durante el día.
- Una linterna frontal para la noche.
- Una botella de agua con filtro.
- Bocadillos (¡no hay muchas máquinas expendedoras en el camino!).
- Una Biblia y un diario.

La historia detrás del viaje

¿Cómo terminé en este viaje? En primer lugar, un día, en una reunión, conocí a un hombre llamado Aaron que ahora es mi gran amigo.

Conocí a Aaron cuando visitó la iglesia donde yo pastoreaba. Se presentó luego de un servicio de adoración y me dijo que vivía en Asia, pero eso fue todo, no volví a verlo por algunos años. Durante esos años, Dios nos guio a mi esposa, Heather, y a mí a buscar adoptar a un niño del mismo país donde vivía Aaron. Habíamos oído de las condiciones de vida de muchos niños allí y de muchas niñas que son vendidas como esclavas sexuales, por eso decidimos traer a uno de esos pequeños a nuestra familia.

Comenzamos con el proceso de adopción, y noche tras noche Heather y yo nos reuníamos con nuestros dos hijos y orábamos por esa futura hermanita. Todo transcurrió sin problemas y el siguiente paso era que nos conectaran con una niña específica. En ese momento, sin advertencia, ese país cerró la adopción para extranjeros. Estábamos devastados.

Esa Navidad fue muy triste para nosotros, por eso le escribí un poema a Heather en un intento por expresar ese peso que ambos sentíamos. Le detallé todas las luchas por las que habíamos pasado y los anhelos profundos que teníamos de que esa niña especial fuera parte de nuestra familia. Expresé estos sentimientos en la voz de esa niña que nunca conocimos, y terminé el poema con estas líneas:

Que el amor dé esperanza y que el amor interceda
ante Dios en nombre de esa posible futura hija.
Y sin importar si un día serán mis padres,
prometan que su familia nunca dejará de orar por mí.

Ese país continúa cerrado, pero Heather y yo confiamos en que Dios lo puso en nuestros corazones con un propósito. Por eso, cuando no pudimos adoptar y Aaron volvió a saludar al final de otro servicio en la iglesia, le pregunté si podíamos encontrarnos a la mañana siguiente en mi oficina.

Al otro día, Aaron me contó cómo eran en realidad las condiciones extremas de vida para muchos niños en su país, y muchas más niñas de las que pudiéramos (o quisiéramos) imaginar eran esclavizadas con fines sexuales. Mientras hablábamos, me invitó a acompañarlo a un viaje y, obviamente, le dije que sí.

Decir adiós

Me encanta visitar otras partes del mundo para compartir el evangelio, pero odio despedirme. Como viajo bastante al exterior y los destinos no siempre son lugares a los que el Departamento de Estado de los Estados Unidos recomienda viajar, intento mantener una carta actualizada para Heather y nuestros cuatro hijos por si acaso me sucede algo. No es necesario decir que escribir esa carta no es algo agradable, pero es un hermoso recordatorio de cuánto amas a tu familia.

En este viaje me alentaba saber que me acompañarían dos hombres. Primero, estaba Chris, un amigo de toda la vida que conozco desde la infancia y con quien trabajo ahora en una organización llamada Radical (https://radical.net). Radical es un ministerio global que funciona también como una plataforma de donaciones orientada a servir a la Iglesia y difundir el evangelio en las zonas de mayor necesidad en todo el mundo.

Nuestro segundo compañero de viaje era un hombre que acabábamos de conocer. Su sobrenombre era Sigs y su trabajo sería documentar el viaje con fotografías y videos. Rápidamente supimos que Sigs tenía un alma aventurera y un talento especial para hacer preguntas que de verdad me hicieran pensar. Además de cargar sus efectos personales en su mochila, cargaba con los accesorios de la cámara, por ejemplo, baterías extra, ya que es casi imposible encontrar fuentes de electricidad para cargar los equipos en la zona rural del Himalaya.

¿Buenas noticias?

En el camino, mientras el avión atravesaba las distintas zonas horarias, intenté dormir. Leí mi Biblia y tomé algunos apuntes en mi diario. Comencé a extrañar a Heather y a los niños. En silencio, oré por ellos de una forma muy profunda, pidiéndole a Dios una dosis adicional de su protección y providencia para ellos mientras yo no estaba.

También tuve una conversación interesante con mi compañero de asiento. Su nombre era Charles y supe que era del Congo. También era ciego. Cuando me contó su historia, me dijo que su ceguera era el resultado de una cirugía ocular mal realizada. A medida que nos fuimos conociendo, le hablé del propósito de mi viaje y tuve la oportunidad de compartir el evangelio con él.

A Charles no le agradó saber que yo era seguidor de Jesús, él me contó que su pueblo había sido herido y lastimado por algunos misioneros de Europa que, según él, en nombre de Cristo habían hecho desastres en su país. Como resultado, la imagen de Jesús que tenía Charles, tristemente, estaba muy distorsionada.

Me dio vergüenza saber que su experiencia con las "buenas noticias", como él las había escuchado, no había sido para nada buena. Aparentemente, es posible que algunas malas interpretaciones del evangelio terminen llevando a la gente muy lejos de Dios.

Intenté por todos los medios explicarle a Charles que el "verdadero Jesús" no tenía nada que ver con esas personas que lo habían dañado, pero él no parecía muy convencido. Más tarde, garabateé reflexiones en el diario sobre mi deseo de no representar a Jesús de una forma equivocada.

Oh, Dios, eso es lo último que quiero hacer.
Por favor, ayúdame, ayúdanos a darles a las personas
una imagen correcta que los guíe hacia ti,
no una que los aleje.

Día 1. La llegada

Felices, pero cansados

Treinta horas sentado en un avión resultan agotadoras.

Tarde en la noche, casi dormidos, salimos de nuestro último vuelo desde Europa con destino a Asia. Mientras el avión se dirige a la terminal, Chris dice entre bostezos:

—¡Todo lo que quiero es un lugar para estirarme y acostarme!

—Igual yo —respondo. Busco a Sigs por el pasillo, quien después de cerrar la mesita y poner el asiento vertical, se había vuelto a dormir. Sí, todos estábamos cansados.

Recogemos nuestro equipaje de mano y, mientras salimos por el puente, nos bombardean nuevos paisajes, olores y sonidos. Casi todos a nuestro alrededor hablan en otro idioma. Muchas mujeres visten atuendos largos, informales y coloridos, con la cabeza cubierta. Algunos hombres llevan camisas largas, holgadas y cruzadas con pantalones haciendo juego. Los restaurantes del aeropuerto emanan un aroma único a especias y condimentos. Aunque estamos muy cansados, rápidamente nos damos cuenta de que ya no estamos en Kansas.

De todos modos, aún estamos algo desorientados y ansiosos porque no sabemos con exactitud qué hacer o hacia dónde ir. Las señales del aeropuerto son confusas, están escritas en otro idioma y a veces mal traducidas al inglés, de forma que no tienen mucho sentido.

Cuando tengas dudas, sigue a la multitud, así que tomamos nuestro equipaje y seguimos a nuestros compañeros de viaje hacia la aduana. Entre quejas, vemos una fila larga que apenas se mueve y, mientras avanzamos lentamente, intercambiamos miradas de frustración. Supongo que todos, con algo de arrogancia, expresamos con nuestro cuerpo y nuestra mirada: "Puedo mencionar muchas maneras de hacer que este sistema sea más eficiente". No importa. No había nada más que hacer, solo esperar ahí y avanzar despacio.

Luego de una hora de espera, que nos dio tiempo suficiente para estirar las piernas, le entregamos nuestros pasaportes a un agente que observa nuestras fotos y luego nuestros rostros, antes de verificar la validez de la visa.

—¿Cuál es el motivo de su visita? —pregunta.

—Queremos hacer senderismo en las montañas —respondo.

Él asiente, sella los pasaportes y nos hace pasar.

Como llevamos todo lo que necesitábamos en nuestras mochilas, no había más equipaje que recoger. Aaron nos está esperando a la salida de la entrada principal del edificio de la terminal. Lo saludo con un apretón de manos y un abrazo, y le presento a Sigs y a Chris.

—Se ven muy cansados —dice con una sonrisa. Asentimos y nos lleva a su pequeña camioneta. Subimos y disfrutamos volver a sentarnos; enciende el motor, se incorpora al tránsito y dice:

—Los llevaré a la posada para que puedan dormir un poco.

Tránsito descontrolado

En esta ciudad asiática tan grande, aunque ya oscureció hace varias horas, las calles están congestionadas por el tránsito. *Tránsito* de verdad, con cualquier vehículo que puedas imaginar de dos, tres o cuatro ruedas, desde bicicletas, bicitaxis, motocicletas, autos y autobuses hasta camiones con remolque. *¡Un caos!*

A Aaron no parece importarle la cantidad de choques que ocurren por minuto cerca de nosotros. Mueve la camioneta, haciendo sonar la bocina muchas veces. Parece que las bocinas tienen su propio idioma, ya que los conductores las utilizan continuamente para comunicarse entre sí. Ahora estamos todos bien despiertos, el camino de regreso a casa en hora pico en este momento parece un juego de niños. Es imposible saber cuáles son las leyes de tránsito (o si al menos existen). El semáforo parece más una sugerencia que una obligación. Algunas intersecciones tienen una multitud de vehículos que vienen de todas las direcciones, se cruzan en medio de esta y entonces se mueven lentamente hacia la calle que desean ir.

Además del caos, noté que los ojos me picaban por la contaminación: había nubes de gases y polvo que salían de las calles semipavimentadas. Algunos de los pasajeros en vehículos de dos ruedas llevan cubrebocas para no aspirar todo el aire contaminado.

Rebasamos una motocicleta conducida por un hombre con su niño en las piernas, una mujer que sostiene un bebé (sería su esposa) sentada de lado detrás de él, y otros dos niños apretados detrás de ella. ¿Quién necesita una camioneta cuando una motocicleta es suficiente?

Luego de una hora en el agitado tránsito, llegamos a la posada (ah, por fin podríamos estirarnos bien y dormir) y dejamos las mochilas en una habitación.

Antes de dormir, Aaron nos reúne para darnos algunas instrucciones y palabras de aliento:

—Sé que tantos vuelos los dejaron exhaustos y la idea de un vuelo más por la mañana no es muy tentadora, pero créanme, el vuelo de mañana es algo que nunca olvidarán.

Debo escribir esto

Fui hasta mi habitación: un lugar pintoresco con una cama individual y una mesa de noche. Hay una pequeña ventana abierta hacia afuera que deja entrar una brisa fresca. Junto con el viento suave, entra el ruido constante de las calles mientras hombres y mujeres, autos y motocicletas, continúan con la actividad que parece no tener fin.

Antes de acostarme, tomo el diario de mi mochila. Cuando era más joven, un mentor me incentivó a tener un diario como parte de mi relación con Dios. Comencé a escribir reflexiones de lo que Dios me enseñaba con su Palabra y cómo lo veía obrar en mi vida y en el mundo que me rodeaba. Esas reflexiones inevitablemente se volvieron oraciones de alabanza y agradecimiento a Él, peticiones para mi vida e intercesión por otros. No diría que escribí todos los días desde entonces, pero sí lo he hecho de vez en cuando por muchos años y casi todos los días en los últimos años.

Por eso, aunque apenas puedo mantener los ojos abiertos, leo estos versículos de las Escrituras (en mi lectura bíblica diaria estaba leyendo el libro de Lucas) y voy escribiendo en mi diario:

En el año quince del reinado de Tiberio César, Poncio Pilato gobernaba la provincia de Judea, Herodes era tetrarca en Galilea, su hermano Felipe en Iturea y Traconite, y Lisanias en Abilene; el sumo sacerdocio lo ejercían Anás y Caifás. En aquel entonces, la palabra de Dios llegó a Juan, hijo de Zacarías, en el desierto. Juan recorría toda la región del Jordán predicando el bautismo de arrepentimiento para el perdón de pecados. Así está escrito en el libro del profeta Isaías:

"Voz de uno que grita en el desierto:
«Preparen el camino del Señor,
háganle sendas derechas.
Todo valle será rellenado,
toda montaña y colina será allanada.
Los caminos torcidos se enderezarán,
las sendas escabrosas quedarán llanas.
Y todo mortal verá la salvación de Dios»".

LUCAS 3:1-18

En mi diario escribo:

Esto habla de esperanza. Valles rellenados, lo torcido enderezado, lo escabroso allanado y todos ven la salvación de Dios. Isaías dijo estas palabras miles de años antes de su cumplimiento con la venida de Jesús. Él es la esperanza de la que hablaba toda la historia.

Sigo leyendo el libro de Lucas:

> Muchos acudían a Juan para que los bautizara.
> —¡Camada de víboras! —les advirtió—. ¿Quién les dijo que podrán escapar del castigo que se acerca? Produzcan frutos que demuestren arrepentimiento. Y no se pongan a pensar: "Tenemos a Abraham por padre". Porque les digo que aun de estas piedras Dios es capaz de darle hijos a Abraham. Es más, el hacha ya está puesta a la raíz de los árboles, y todo árbol que no produzca buen fruto será cortado y arrojado al fuego.

El arrepentimiento es mucho más importante que la religión. Dios deja claro que no podemos descansar en la religión sin arrepentimiento. El verdadero arrepentimiento es evidente en el fruto de nuestra vida.

> —¿Entonces qué debemos hacer? —le preguntaba la gente.
> —El que tiene dos camisas debe compartir con el que no tiene ninguna —les contestó Juan—, y el que tiene comida debe hacer lo mismo.
> Llegaron también unos recaudadores de impuestos para que los bautizara.
> —Maestro, ¿qué debemos hacer nosotros? —le preguntaron.
> —No cobren más de lo debido —les respondió.
> —Y nosotros, ¿qué debemos hacer? —le preguntaron unos soldados.
> —No extorsionen a nadie ni hagan denuncias falsas; más bien confórmense con lo que les pagan.

El arrepentimiento nos lleva a un cambio en nuestra forma de vivir. El arrepentimiento demanda cambios.

La gente estaba a la expectativa, y todos se preguntaban si acaso Juan sería el Cristo.

—Yo los bautizo a ustedes con agua —les respondió Juan a todos—. Pero está por llegar uno más poderoso que yo, a quien ni siquiera merezco desatarle la correa de sus sandalias. Él los bautizará con el Espíritu Santo y con fuego. Tiene el aventador en la mano para limpiar su era y recoger el trigo en su granero; la paja, en cambio, la quemará con fuego que nunca se apagará.

Y con muchas otras palabras exhortaba Juan a la gente y le anunciaba las buenas nuevas.

Claramente, las buenas nuevas (el evangelio) también traen malas noticias, una advertencia de que vendrán un juicio y un fuego que no se extingue. Señor, ayúdame a entender este evangelio, a creer que tu ira es real y que vendrá por todos aquellos que no se arrepienten y no creen en Jesús. Creo que ni siquiera sé cómo entender o aceptar esta verdad. Me resulta más fácil creer que tu misericordia es real y que vendrá por todos aquellos que sí se arrepienten y creen en Jesús.

Me quedo dormido con el diario y la Biblia en mi pecho.

REFLEXIONES

Dado que este libro intenta ser una experiencia en esos senderos del Himalaya, incluiré algunas preguntas al final de cada día de caminata para ayudarte a sacar el mayor provecho de tu viaje. Así que imagínate a ti mismo al final de este día, recostado sobre una litera en una casa de huéspedes (luego, a partir de mañana, en una fría bolsa de dormir), reflexionando sobre estas preguntas y anotando cualquier otro pensamiento u oración que vengan a tu mente.

¿Qué es lo que te pondría más nervioso en una escalada como esta? ¿Qué es lo que más te entusiasmaría?

¿Cuál es la parte del evangelio más difícil de entender para ti?

Día 2. Un largo camino antes de que oscurezca

En los confines de la tierra

A la mañana siguiente llegamos temprano a un hangar en ruinas. Somos cinco personas: Sigs, Chris, Aaron, Nabin, que nació en este país y ahora trabaja con Aaron, y yo. Nabin sería nuestro traductor para comunicarnos con las personas que conoceríamos durante el camino.

Aaron nos junta a todos y nos dice:

—Ahora estamos a casi cinco mil pies (mil quinientos metros) sobre el nivel del mar, pero subiremos hasta casi trece mil pies (cuatro mil metros). Por eso les recomiendo que tomen este medicamento para las alturas antes de que despeguemos.

Él nos da una píldora a cada uno y, sin dudarlo, todos la tomamos con un poco de agua.

A medida que nos acercamos juntos hacia el helicóptero, estoy nervioso. Recuerdo el viaje en helicóptero que hice una vez. Me habían invitado a predicar en Hawái (no era una invitación muy difícil de rechazar, de hecho) y un día en que Heather y yo tuvimos tiempo libre, nos anotamos para realizar un paseo en helicóptero por las montañas. Mientras ella disfrutaba mirando por la ventana las cataratas, yo miraba la bolsa que tenía en las piernas, la cual esperaba recibir el almuerzo que yo acababa de comer. No fue una buena experiencia.

El piloto se acerca a nosotros y nos da instrucciones, principalmente para evitar que los rotores nos golpeen:

—Siempre acérquense y aléjense del helicóptero por el frente, donde pueda verlos —dice—. Caminen agachados, con la cabeza baja y sus pertenencias aseguradas en todo momento. No sostengan nada por encima del nivel de los ojos, porque se puede volar, y si se vuela, déjenlo ir, no vale la pena perder un brazo por recuperar un sombrero. Y finalmente —dice con una mirada que demuestra haber visto a mucha gente intentándolo—, por favor, no se detengan para tomarse una fotografía debajo de los rotores cuando están funcionando justo encima suyo. Solo suban o bajen de la aeronave.

—Lentamente, todos guardamos los teléfonos en los bolsillos.

Luego concluye:

—Una vez que estén en los asientos, ajústense bien los cinturones y disfruten del viaje. Si en algún momento tienen una emergencia, esperen a mis indicaciones.

Sabiendo que puede suceder una emergencia, tímidamente nos juntamos para tomarnos una fotografía en el frente del helicóptero (¡antes de que se enciendan los rotores!). Una vez que tomamos la fotografía, cargamos el equipaje en las cestas sujetadas al costado de la aeronave, subimos a los asientos y ajustamos los cinturones. El piloto enciende los rotores y el ruido del helicóptero invade la cabina. Ahora es casi imposible oír a alguien, así que cada uno está solo con sus pensamientos.

Despacio, nos despegamos del suelo y vemos rápidamente una escena de ensueño. Ahora, sobre el ruido, el polvo y el tránsito caótico, por encima de nosotros tenemos un complejo laberinto de edificios blancos, amarillos y naranjas. Una jungla urbana masiva se extiende tan lejos como podemos ver y es el hogar de millones de personas aquí al pie del Himalaya. Poco después, nos elevamos por encima de lo que los locales llaman "las Colinas", picos de montañas de seis mil, ocho mil y diez mil pies de altura (entre los mil ochocientos y tres mil metros), que en cualquier parte del mundo serían consideradas montañas, pero aquí no.

Mientras nos escapamos del humo de la ciudad, vemos de primera mano por qué los picos anteriores son considerados colinas. De repente, aparecen las montañas como elevándose por encima del mismo cielo. Son tan altas que debes estirar el cuello para poder ver apenas la cima. El paisaje es imponente. Debajo se ve un valle verde muy vívido, como un río de árboles frondosos y tierra de cultivos serpenteando a través de las montañas que lo rodean. Pero casi no puedes quitar la vista de los altos picos que se ven adelante, sus cimas nevadas son como una corona de joyas blancas que brillan en el sol de la mañana.

En mi rostro se dibuja una sonrisa. Soy como un niño pequeño que recibe un regalo inesperado. Ahora tengo a estas montañas majestuosas cara a cara. Se me ocurre sacar el teléfono para tomar una foto, pero sé que no le haría justicia, así que solo me siento y contemplo maravillado.

Durante los siguientes treinta minutos, el helicóptero planea por las laderas de esos gigantes. He oído hablar de montañas como el Everest, el Annapurna, el Manaslu y el Lhotse, pero ahora estoy viendo su tamaño. Estoy abrumado tanto por su majestuosidad como por la vulnerabilidad que generan en mí. *Este es un vuelo de alto riesgo, si tenemos algún problema, se termina todo.* Mis sentimientos me recuerdan cuando estuve en una balsa y floté bastante lejos en el océano: por unos segundos te sientes desesperado, hasta que logras remar más cerca de la costa. Sin embargo, la angustia al volar por estos valles en medio de estas montañas monstruosas dura un poco más que unos segundos. En silencio, oro por nuestra seguridad y me doy cuenta de que mis sentimientos de desesperación y vulnerabilidad no se van a ir tan rápido. Me consuela pensar en el Salmo 65:

Tú, oh, Dios y Salvador nuestro,
nos respondes con imponentes obras de justicia;
tú eres la esperanza de los confines de la tierra
y de los más lejanos mares.
Tú, con tu poder, formaste las montañas,
desplegando tu potencia.
Tú calmaste el rugido de los mares,
el estruendo de sus olas,
y el tumulto de los pueblos.
Los que viven en remotos lugares
se asombran ante tus prodigios.

Esa última línea lo dice todo. Siento que estoy ahí, literalmente en los confines de la tierra y, de hecho, estoy maravillado. Ahora me siento más tranquilo, al recordar que mi vida está en las manos de aquel que "formó las montañas".

Cuando el viaje de media hora llega a su final, el helicóptero gira y aterriza en una meseta pequeña, pero nivelada, de un lugar llamado Bumthang. Ansioso por comenzar el viaje de regreso, el piloto mantiene los rotores encendidos.

—Salten, tomen sus pertenencias y aléjense de la aeronave —grita.

Uno a uno, agachados y con la cabeza baja, nos alejamos del helicóptero con las mochilas. Una vez que estamos todos a salvo, observamos cómo esa gran ave se eleva, vuela por el valle y desaparece rápidamente de nuestra vista. El sonido del helicóptero se desvanece y lo reemplaza el silencio. Nos quedamos quietos, totalmente cautivados por la grandeza que nos rodea.

—¿Qué piensan? —irrumpe Aaron con una sonrisa cómplice. Este predicador no suele quedarse sin palabras, pero en este momento estoy mudo.

Omelettes y chai

Sin embargo, no me quedo callado por mucho tiempo y luego de sentir un viento frío y penetrante digo:

—Pienso que hace frío. ¡Mucho frío!

La cabina con calefacción del helicóptero nos había resguardado de lo que sucedía en el vuelo. La temperatura había bajado de un poco fría a congelada. También debimos de habernos dado cuenta de que cuanto más alto subíamos, más nieve cubría el suelo.

—Sí, ¡hace frío! —dice Aaron riendo—, casi diez grados bajo cero, ¡o catorce grados Fahrenheit!

A medida que mis pies se hunden en ese mar blanco inmaculado, espero que mis botas realmente sean impermeables. También me alegra tener varias capas de ropa.

Así nos vestimos todos:

- Parte inferior: calcetas de lana, calzoncillos largos y pantalones impermeables.
- Parte superior: camiseta, camisa de manga larga, chaqueta de plumas y una chaqueta impermeable para no mojarnos con la nieve y la lluvia.
- Cabeza y manos: gorro y guantes para nieve.

Con vaho saliendo de nuestra boca, cargamos las mochilas y caminamos doscientas yardas (casi doscientos metros) hasta llegar a una casa de té en una aldea cercana. Es un edificio de madera con dos pequeñas salas, una con una mesa y taburetes, y la otra es la cocina. La casa de té no es tan cálida, solo llega el calor del fuego de la cocina, pero es un buen refugio del viento.

Una vez dentro y sentados a la mesa, nos saluda la anfitriona. Aaron ordena para cada uno pan y un *omelette*, que aquí es un huevo aplanado. Mientras esperamos, la anfitriona nos sirve un té masala (lo que en occidente llamamos chai). Algunos lo aman y otros lo odian. Yo estoy en la segunda categoría, pero en este momento, bebería cualquier cosa que esté caliente.

Mientras esperamos la comida, Aaron sienta las bases para la caminata.

—De acuerdo —comienza—, estoy muy feliz de que estén aquí estos días. Cuando decidí traer visitas, honestamente, tenía dudas porque este lugar no es para todos. Algunas de las cosas que verán los sorprenderán. Pero hay cosas únicas que suceden en tu corazón cuando estás en estas montañas, por eso estoy muy feliz de que hayan venido.

Mientras estamos sentados tomando el té, Aaron nos cuenta su primer viaje al Himalaya.

—Hace veinte años vine aquí con algunos compañeros de la universidad. Solo queríamos hacer una excursión, conocer todo y ser *hippies* de montaña por unos días. Comencé a subir la montaña, pero cuando hicimos nuestra primera parada para descansar, vi a personas con algunas necesidades físicas y espirituales que nunca había visto antes. Les compartiré más detalles después, pero me sorprendió tanto lo que vi que no pude dormir. Lloré toda la noche. A la mañana siguiente, le dije a mis amigos que no podía continuar. Tomé mi mochila y volví a descender por la montaña. No sabía qué, pero sí sabía que tenía que hacer algo para ayudar a estas personas. Es una historia larga, pero he trabajado desde entonces para saciar esas necesidades con la esperanza de Jesús.

—¿Puedes decirnos algo de lo que viste que te impactó tanto? —pregunta Sigs.

—Claro. La zona en la que estamos ahora tiene alrededor de nueve millones de habitantes. De esos nueve millones, hay probablemente menos de cien seguidores de Jesús. La realidad es que la mayoría de la gente de aquí nunca ha escuchado nada acerca de Jesús. Esta área es el lugar del nacimiento del hinduismo y del budismo, pero el cristianismo es muy difícil de encontrar por aquí.

—Es increíble pensar que dos mil años después, el evangelio aún no haya llegado a las personas de estas aldeas —dice Chris.

—Esa es la condición espiritual —dice Aaron—. Pero además, la gente aquí es muy pobre y necesitada. La primera vez que vine a estas aldeas descubrí que la mitad de los niños morían antes de cumplir ocho años. Muchos ni siquiera llegaban al año.

¿La mitad de los niños? Todos sacudimos las cabezas. Pienso en mis hijos, Caleb, Joshua, Mara e Isaiah. Los amo tanto, no puedo imaginar perder a dos de ellos. No soportaría que Caleb o Joshua estuviesen muertos, o que Mara o Isaiah murieran cualquier día de estos. Uno de mis mayores miedos es perder a uno de mis hijos y no puedo llegar a comprender cómo eso puede llegar a ser una expectativa real.

Nuestra anfitriona nos trae la comida y acomoda con cuidado un plato para cada uno, pero dudamos en comer, aún serios por lo que Aaron nos había contado de los niños. No tengo mucho apetito.

—Necesitan comer —nos dice—, más tarde les contaré más. Solo quiero que estén preparados para lo que verán. Aquí hay mucha necesidad.

Siguiendo su consejo, nos obligamos a comer el huevo y el pan.

Aaron tiene razón. Ninguno de nosotros se da cuenta de lo que vamos a enfrentar en la primera aldea por la que vamos a caminar.

Ceguera

—Colóquense sus lentes de sol —dice Aaron, mientras nos colocamos las mochilas al hombro al salir de la casa de té. Él señala al cielo azul y al sol brillante—. Por la forma en la que brilla el sol en la nieve aquí arriba si no usan lentes, se quedarán ciegos de inmediato.

—¿Lo dices en serio, Aaron? —pregunto.

—Sí, se le llama nifablepsia, es como una quemadura de sol en la vista. Y como sucede con las quemaduras en la piel, cuando empiezas a sentir los síntomas ya es muy tarde. Puedes tener puntos ciegos o una ceguera completa por un día o dos... o puede ser permanente.

Junto con los otros, me coloco los lentes mientras comenzamos a caminar por el sendero. Utilizo la palabra "sendero" en líneas generales, porque parece más como si estuviéramos haciendo nuestro propio sendero a través de la nieve. Pero es algo magnífico. Por todos lados nos rodean los picos cubiertos de nieve.

La montaña de nuestra derecha tiene cerca de veintisiete mil pies (ocho mil metros). Para ponerlo en perspectiva, estábamos caminando a unos trece mil pies (casi cuatro mil metros), que es un poco menos de la altura que tiene la montaña Pikes, en Colorado. Así que a nuestro lado estamos observando una montaña que es como el Pikes ¡encima de otro Pikes!

Luego de subir y bajar varias cuestas pequeñas a lo largo de quinientas yardas (medio kilómetro), llegamos a una aldea con unas pocas casas. Cuando entramos, un hombre sale de su casa. Trae una camisa andrajosa color beige y una chaqueta café con agujeros que, sin duda, le impiden cumplir su propósito. Su cabello negro azabache, su barba gris y su piel áspera tienen un aspecto de no haberse lavado en semanas. Pero ninguno de estos atributos es lo que más resalta de este hombre. Noto que le falta un ojo.

Aaron lo saluda en el idioma local y el hombre, hablando muy despacio, balbucea su respuesta, mirando hacia abajo con su único ojo.

—¿Cómo te llamas? —pregunta Aaron, pidiéndole a Nabin que traduzca. Aunque Aaron sabe bastante la lengua local, Nabin es nativo de estas aldeas y también es muy bueno en inglés, así la comunicación es más pareja y precisa.

El hombre levanta la vista y cuando lo miro, puedo ver su cráneo.

—Kamal —responde, y se cubre el hueco en su rostro con una especie de algodón.

Luego de unos minutos de charla con Nabin como traductor, Aaron le dice a Kamal:

—¿Puedo preguntarte qué le sucedió a tu ojo?

Kamal otra vez baja la mirada y responde:

—Hace algunos meses, se me infectó. Al principio me picaba y me lloraba. No le di mucha importancia, pero luego empeoró. Sentí un dolor intenso en la cabeza que duró varios días y, finalmente, se me cayó el ojo.

Aaron hace más preguntas y Kamal nos cuenta que se le está cayendo la mejilla y ya no escucha bien. Mientras lo escuchamos, entendemos lo que está sucediendo. Como no hay medicina disponible en lugares cercanos, tiene una infección que le está afectando rápidamente toda la cabeza y tal vez hasta termine con su vida.

Aaron lleva la conversación hacia un lugar más espiritual y pregunta:

—¿Alguna vez oíste hablar de Jesús?

Kamal mira hacia atrás confundido.

—No, ¿quién es? Nunca oí ese nombre. —Es como si le estuviéramos preguntando por un hombre que no conoce que vive en alguna aldea cercana.

Aaron comienza a relatarle la historia de Jesús, pero a Kamal le resulta confuso que un hombre que vivió hace dos mil años sea importante. Cuando Aaron termina, Kamal baja la mirada y dice despacio:

—Necesito ayuda para mi ojo.

Aaron había ayudado a instalar una clínica un poco más lejos bajando la montaña y le dice a Kamal que trabajará para conseguirle ayuda.

—¿Puedo orar por ti? —le pregunta Aaron.

Aunque obviamente aún está confundido, Kamal responde:

—Sí.

Poniéndonos de rodillas en la nieve, tiritando de frío, nos reunimos alrededor de Kamal y oramos para que Dios lo ayude, en el nombre de Jesús.

Orar con fe

Sin embargo, hasta nuestras oraciones se sienten vacías, al menos para mí. Sé que no debería sentirme así porque sé que la oración es importante. ¿Qué podría ser más valioso que hablar con Dios sobre las necesidades de Kamal? Pero es así, incluso mientras decimos "amén", no puedo cambiar la falta de fe que hay en mi corazón de que lo que acabamos de decir vaya a hacer alguna diferencia.

Sin duda, orar es lo mejor que podemos hacer, pero mientras orábamos, no estaba orando con una fe verdadera de que Dios sanaría milagrosamente a Kamal en ese instante. Honestamente, no sé si tengo tanta fe de que las cosas realmente vayan a cambiar para Kamal. Es un sentimiento bastante vacío orar por alguien cuando en el fondo no estás creyendo que de verdad esa oración va a conseguir algo.

Indudablemente, esa no es la forma en que se supone que trabaja la oración. Lo enseño todo el tiempo. Entonces, ¿por qué tengo estas dudas en lo oculto de mi mente y mi corazón?

Estoy desanimado en este momento por mi falta de fe, pero en Aaron veo una imagen totalmente diferente y eso me devuelve el ánimo. Mientras nos alejamos, él nos cuenta más acerca de la clínica que instalaron un poco más lejos. Aaron dice que allí Kamal tendrá la oportunidad de obtener ayuda médica y de oír más acerca de Jesús. En otras palabras, en Aaron veo la imagen de alguien que cree lo que acabamos de orar, que acabamos de hablar con el único y verdadero Dios que tiene todo el poder del universo para ayudar a Kamal. Aaron cree fervientemente esto, por eso está a disposición de Dios para ser el medio por el cual sus oraciones sean respondidas.

Quiero orar con esa misma fe, no solo hablar de una oración como esa.

Necesidades urgentes

Al salir de la aldea de Kamal, el sendero se vuelve muy angosto. Ya no estamos en una meseta, ahora caminamos por la ladera de una montaña. Es alarmante mirar hacia la izquierda y ver una caída inclinada hacia un barranco profundo. Si resbalas, será una caída muy larga y no vivirás para contarlo.

En estas montañas, en un sendero como este, es imposible caminar de a dos. Tienes que caminar en una fila de a uno, concentrarte en tus pasos y no puedes ir conversando con nadie, así que me encuentro solo con mis pensamientos. Mientras reflexiono acerca de lo que acabamos de vivir en la aldea y sobre lo que Aaron dijo mientras nos íbamos, me doy cuenta de que este era el ejemplo perfecto de "necesidad física y espiritual urgente". Físicamente, Kamal está muriendo sin ayuda médica y, espiritualmente, hasta hace veinte minutos, nunca había escuchado ni siquiera el nombre del único con el poder para salvarlo del pecado y la muerte.

De repente pienso: "Las necesidades físicas y espirituales, ¿tienen la misma urgencia? ¿Cuál es la necesidad más urgente que tiene Kamal?".

Seguro puedes decir que la mayor necesidad de Kamal es la atención médica. Lo que más necesita ahora no es una historia de Jesús, sino la ayuda de un doctor. Sin embargo, alguien más puede decir que oír de Jesús es su necesidad más urgente. Después de todo, la misión de la Iglesia es hacer discípulos, no suplir las necesidades físicas, ¿no? En ese momento, en el sendero, me parece que ambas necesidades son urgentes y no podemos ignorar ninguna de ellas. Si pasamos por alto las dos, entonces tal vez nosotros somos los ciegos.

Brote de cólera

Después de un tiempo, el sendero se ensancha a medida que se aleja de la cresta de la montaña. Ahora es más fácil caminar uno al lado del otro o hacer una pausa y conversar con los que están caminando junto a nosotros.

Esto es exactamente lo que sucede cuando Aaron ve a un hombre cargando a su hijo de un año por el camino. Tan pronto como se ven, sonríen y se saludan con un abrazo. Aaron detiene al equipo para presentarnos:

—Él es Sijan y su bebé se llama Amir.

Todos habíamos aprendido el saludo local y decimos "Hola" en su idioma mientras sonreímos e inclinamos apenas la cabeza.

—Sijan y Amir son de una aldea que queda subiendo por el sendero en esa dirección —dice Aaron señalando una cresta a nuestra izquierda—. Hace menos de un año, justo después de que naciera Amir, su aldea sufrió un brote de cólera. No sé si saben algo de esta enfermedad, es causada por consumir alimentos o agua contaminados por una bacteria y puede llegar a ser mortal.

Esto me recuerda que Aaron nos había advertido que solo bebiéramos té caliente (hervido) o el agua filtrada que teníamos en nuestras botellas.

—Las personas que han ingerido esa comida o agua contaminada tienen diarrea líquida y gran deshidratación —continúa Aaron—. El cólera es fácil de tratar si tienes el remedio adecuado. Se puede tomar una solución oral rehidratante, combinada con antibióticos y más del noventa y nueve por ciento se recupera bien. Pero si no se trata, los niños y adultos pueden morir en cuestión de días o, a veces, pocas horas.

Aaron hace una pausa mirando intencionalmente a Sijan y Amir, respira hondo y continúa.

—Eso es lo que sucedió en la aldea de Sijan. Por las malas condiciones higiénicas y el agua sucia, las personas se infectaron con cólera y se propagó rápidamente. No tenían tratamientos y, en pocas horas, los aldeanos de todas las edades estaban enfermos. En un par de días, murieron sesenta personas.

Quedamos boquiabiertos. Imagina que sesenta personas de tu barrio se mueren de diarrea en dos días, incluso varios de tu propia familia.

—Casi todas las casas fueron afectadas —nos dice Aaron—. Entre esos sesenta muertos estaban dos hijos de Sijan, la hermana y el hermano de Amir.

Como si eso no fuera suficientemente duro, Aaron termina la historia:

—Luego del desastre de este brote, la esposa de Sijan (y mamá de Amir) entró en un estado de desesperación y depresión. No podía soportar haber perdido a dos de sus hijos, además de tantos amigos y familiares. Y un día la esposa de Sijan tomó una soga, encontró un árbol y se ahorcó.

Mientras Aaron nos cuenta la historia en inglés, miramos a Sijan, pero él no entiende lo que nos está diciendo, y no le presta atención. En lugar de eso, está mirando a su hijo mientras lo sostiene en sus brazos. Hace un año, en su hogar tenía una esposa y tres hijos, ahora estaba solo con su pequeño.

—Los siguientes días, después de que murió la esposa de Sijan
—dice Aaron—, él llevo a Amir con distintas mujeres de la aldea
para que lo amamantaran y lo mantuvieran vivo.

Mientras escucho esta historia y observo a este padre con su
hijo cuyas vidas han cambiado para siempre, recuerdo un artículo
que leí hace poco acerca de 750 mil casos de cólera en Yemen que
la Organización Mundial de la Salud llamó "el peor brote de cólera del mundo".[1] Estando aquí en este camino, entiendo de una
forma nueva que todos esos casos de cólera no son solo números,
son personas como Sijan y Amir. Son niños y sus padres, madres y
sus hijas, y abuelos que mueren de enfermedades evitables. ¿Cómo
podemos medir la urgencia de esa necesidad?

Antes de comenzar este viaje, uno de mis hijos me hizo un brazalete para que lo trajera y se lo regalara a un niño que conociera.
Obviamente, sé que un brazalete no es la mayor necesidad del pequeño Amir, pero aun así quiero darle a él y a su papá algo que les
demuestre que algunos del otro lado del mundo nos preocupamos
por ellos. Así que tomo el brazalete y, con Aaron como traductor,
le digo a Sijan:

—Mi hijo hizo este brazalete para tu pequeño. Quiero rega-
lártelo y quiero que sepas que mi familia estará orando por ustedes.

Sijan toma el brazalete, sonríe y lo coloca en la muñeca de su
hijo. Mientras Amir intenta descifrar qué es el brazalete, Aaron y
Sijan hablan un poco más. Luego nos despedimos y comenzamos
a caminar otra vez por el sendero.

Aaron está a mi lado y dice:

—Inmediatamente que nos enteramos de ese brote de cólera, nuestro ministerio trajo filtros para limpiar el agua. También

---

[1] "Yemen: Cholera Response", *Emergency Operations Center, Situation Report No. 5*, 24
de septiembre, 2017, <www.emro.who.int/images/stories/yemen/the_emergency_
operatios_center_sitrep-5-English.pdf?ua=1>.

trajimos un sistema de potabilización de agua a la aldea de Sijan y pudimos darle asistencia médica específica al pequeño Amir.

—Eso es fantástico, Aaron —le dije. Mientras caminamos, me siento agradecido de estar con alguien que hace algo concreto por las necesidades urgentes.

Encadenado en un granero

A lo largo del sendero, por momentos nos detenemos a beber o a llenar nuestras botellas de agua, más conscientes de la importancia del agua potable. Somos privilegiados, por decirlo así, cada uno tiene algún tipo de sistema de filtración en su mochila. Chris y Sigs tomaron una bolsa, la llenaron de agua y luego desenroscaron un filtro especial en la parte superior de esta. Luego vertieron el agua de la bolsa en las botellas por medio de ese filtro. Mi filtro en realidad estaba dentro de la botella de agua, así que simplemente coloco mi botella en un arroyo para llenarla, le pongo la tapa y bebo directamente desde la boquilla. Así nos protegemos de todo tipo de bacterias.

En la aldea de Sijan, unos filtros simples como estos hubieran salvado a sesenta personas, entre los que estaban tres miembros de su familia.

Intentamos mantenernos hidratados y sin duda, al subir y bajar estos senderos tan altos, estamos quemando cualquier caloría que obtuvimos con el pequeño huevo y el pan que comimos unas horas antes.

Ahora, ya es casi hora de almorzar y todos deseamos hacer una pausa para comer algo. Al entrar en la siguiente aldea encontramos otra casa de té, dejamos nuestro equipaje fuera y entramos por un poco de calor, agua y comida.

Aaron ordena té, pan y *dal*, una sopa hecha de legumbres y especias. Cuando nos sentamos en la mesa para esperar la comida, Chris se gira hacia Nabin, nuestro traductor, y le pregunta:

—Nabin, tú naciste y creciste en estas montañas increíbles. ¿De dónde eres exactamente y como fue crecer aquí?

En los minutos siguientes, lo que Chris creyó que sería una conversación corta y casual mientras esperábamos la comida, termina siendo una explicación larga y seria de cómo es realmente la vida aquí. Aunque Nabin es un muchacho de veinte años con mirada dura, es humilde y tiene voz suave. En un tono lento y pensativo dice:

—Crecí en un lugar cerca de aquí. Pero un día mi papá conoció a otra mujer y al poco tiempo decidió casarse con ella. Mi madrastra tenía sus propios hijos y no me quería. Mi papá también comenzó a dejar de quererme y a golpearme. Él tomaba del fuego una vara caliente y me azotaba la espalda.

Mientras Nabin continúa, Aaron se inclina y susurra:

—Nabin aún tiene las marcas de su padre en toda la espalda.

Esto es sorprendente para mí. Nunca me hubiera imaginado que Nabin había vivido una infancia así, que debajo de esa camisa desgastada habría semejantes cicatrices.

—Un día, decidí que no podía soportarlo más y me escapé a las montañas —dice Nabin.

—¿Cuántos años tenías cuando lo hiciste? —pregunto.

—Cerca de siete años.

Estoy pasmado. Intento imaginar a uno de mis hijos a los siete años huyendo hacia las montañas, solo y asustado. Más asustado de su papá, yo, que de otro peligro que hubiera en las montañas.

—Estuve bien unos días hasta que mi papá me encontró —continúa Nabin—, y ese no fue un buen día. Me levantó por los pies y comenzó a azotarme contra las rocas. Cuando terminó de golpearme, me llevó de vuelta a casa, pero no me permitieron vivir dentro. En lugar de eso, mi papá y mi madrastra me encadenaron fuera en el granero y me quedé allí.

—¿Cuánto tiempo estuviste encadenado allí? —pregunta Chris.

—Hasta que Aaron me encontró.

En este momento de la historia de Nabin, llega nuestra comida. La anfitriona pone cuidadosamente los cuencos humeantes de sopa delante de cada uno. En medio de la mesa, deja una pila de *roti*, un pan plano circular que es muy popular en esta parte del mundo. Aaron ora, agradeciendo a Dios por la comida, y luego comenzamos a comer mientras Aaron continúa contando la historia de Nabin.

—Un día, estaba caminando por esta zona, se estaba haciendo tarde y necesitaba un lugar donde quedarme —dice Aaron—. Así que me detuve en una aldea, fui a una casa al azar y pregunté si tenían alguna habitación para quedarme esa noche. Me dijeron que no, pero que si quería, podía quedarme en su granero. Eso era mejor que nada, así que fui hasta ahí, abrí, entré y cerré la puerta detrás de mí. Acomodé la mochila, desenrollé el saco de dormir y lo coloqué en el suelo. Me quité los zapatos y me metí en él.

»Una vez dentro del saco de dormir —continúa Aaron—, oí un ruido. Creía que los animales estaban en un lugar aparte, pero inmediatamente pensé: "Aquí hay un animal". Así que salí del saco, encendí la linterna y comencé a buscar por ese lugar del granero. Mientras buscaba con la linterna no me encontré con un animal, sino con los ojos de un niño de ocho años que me miraba fijamente.

Chris y yo intercambiamos miradas. Esto es increíble.

—Desafortunadamente —explica Aaron—, esto no es algo tan raro aquí. No es insólito que los padres tengan a sus hijos en el granero. A menudo sucede cuando un niño tiene algún tipo de discapacidad o deformidad. Muchos aldeanos creen que estos niños están malditos y no quieren una maldición en su casa. Un día encontramos a un niño con discapacidad que había estado encadenado con los animales durante diez años. Por eso, aunque estaba alarmado de que hubiera alguien más en el granero, no me sorprendió que fuera un niño.

—¿Qué hiciste? —pregunta Sigs.

Nabin salta otra vez a la conversación.

—Se hizo cargo de mí —dice Nabin—. Me ayudó a encontrar un hogar donde me cuidaran y pudiera ir a la escuela y aprender que Dios me amaba.

Miramos a Aaron, y vemos que se siente incómodo siendo el foco de atención.

—Déjenme contarles más de Nabin —dice—. Hace poco, Nabin estaba subiendo por las montañas y se encontró con su papá, quien estaba descendiendo con uno de sus hijastros que estaba enfermo. Él le preguntó a Nabin si podría subir y cuidar a su esposa, la madrastra, mientras él conseguía ayuda para el niño. En otras palabras —dice Aaron—, el padre que había golpeado y quemado a Nabin le estaba pidiendo que cuidara a la mujer que quiso que lo encadenaran fuera en ese granero.

»¿Qué creen que hizo Nabin? —pregunta Aaron.

Todos estamos sorprendidos con la historia. Ninguno parece querer adivinar, así que Aaron responde:

—Nabin subió la montaña y se quedó con su madrastra, cuidándola personalmente durante tres meses hasta que su papá regresó.

Nabin, que ahora está muy incómodo con la atención puesta en él, le dice a Aaron:

—Deberíamos seguir el viaje. Tenemos un largo camino por recorrer antes de que oscurezca.

Ya hemos terminado de comer, así que parece un buen momento para seguir, pero ahora miro a Nabin con un nuevo respeto y asombro. Mientras nos guía para salir de la casa de té, tengo una perspectiva más profunda de lo que es crecer en estas montañas.

Preguntas sin respuestas

No lo entiendo. En la tarde, mientras terminamos el recorrido, me quedo atrás en el sendero y me encuentro solo y muy confundido. Soy el predicador y el pastor que, se supone, tiene respuestas, pero en este momento solo tengo preguntas sin respuestas. No estoy encontrándole sentido a este mundo, y a mi vida en él.

No entiendo por qué nací en una familia donde mi padre me amaba y me cuidaba, y Nabin nació en una familia donde su padre lo golpeaba y lo quemaba. No entiendo por qué desde el día en que nací he tenido todo: agua, alimento y las vacunas que necesitaba para protegerme de enfermedades evitables, mientras que hoy, en este mundo, veinte mil niños morirán por no tener esas cosas a su disposición. Sé que hay un Dios y sé que tiene el control de todas las cosas, pero ¿por qué yo recibí semejante bendición cuando tantos otros no tienen nada?

Por supuesto, no es por algo que haya hecho. No tengo nada que ver con el lugar donde nací y tú tampoco, ¿verdad? Entonces, ¿por qué nacimos en un lugar donde tenemos casi todo lo que queremos mientras que millones, por no decir miles de millones, de personas como Sijan, Amir y Nabin no tienen casi nada de lo que necesitan?

Durante las próximas horas, camino algunas millas con los pies, pero en mi cabeza no llego a ningún lado. "Simplemente no lo entiendo. ¿Acaso Dios me ama más que a los hombres, mujeres y niños de estas aldeas? Si es así, ¿por qué? Si no es así, entonces, ¿cuál es el motivo por el cual estoy recorriendo estos caminos con piernas saludables, en lugar de haber nacido aquí con una discapacidad y estar encadenado en un granero como un animal?".

Parte de mí quiere detenerse y sentarse, pensar y orar, así que me siento aliviado al alcanzar al grupo en la siguiente aldea. Todos están sentados con las mochilas al lado, pero cuando llego y Aaron comienza a hablar, no es alivio lo que encuentro.

Hijas perdidas

Aaron me alienta a dejar mi mochila junto a las otras, beber algo de agua y buscar una roca para sentarme mientras él nos dice algo importante acerca de la próxima aldea.

—La aldea a la que vamos a entrar ahora en bastante grande —dice Aaron—. Aquí viven alrededor de doscientas personas, pero mientras la recorran quiero que vean algo. Vean la poca cantidad de niñas que hay entre los doce y los veinte años. La mayoría de las niñas de aquí han sido vendidas a traficantes de personas entre los últimos cinco y diez años. Específicamente, las venden como esclavas sexuales.

Aaron continúa explicando cómo trabaja la industria del tráfico de personas.

—Está muy bien organizada. Los traficantes saben la profunda pobreza que hay en estas aldeas y vienen buscando niñas en hogares de familias que están luchando por sobrevivir. Esos hogares no son difíciles de encontrar.

»Los traficantes se presentan como hombres amables que quieren ayudar a estas familias. Les prometen a los padres que si envían a sus hijas a las ciudades montaña abajo con ellos, las ayudarán a conseguir un trabajo donde puedan trabajar no solo para sostenerse ellas, sino también para enviarle dinero a su familia en la montaña y ayudarlos. Los traficantes prometen traer a las niñas de vez en cuando para visitarlos y llevar el dinero que han ganado. Como muestra de su promesa, los traficantes dan a los padres de una niña el equivalente a cien dólares [casi la mitad de los ingresos de un año], una suma considerable para una familia que vive en estas aldeas. Con estas promesas y el dinero en garantía, las familias confían a sus hijas al cuidado de estos hombres.

—Después de tanto tiempo, ¿las familias no saben que los traficantes mienten cuando las niñas no regresan? —pregunto. Me destroza lo que estoy oyendo.

—Esa es una buena pregunta —responde Aaron—. Pero la pobreza hace que los padres hagan cosas desesperadas, y creen sinceramente que sus hijas lejos están mejor de lo que estarían aquí.

Todos los del equipo nos miramos y sacudimos la cabeza. Es muy difícil de creer.

—Luego de una despedida triste —continúa Aarón—, estas niñas entre siete y quince años son llevadas montaña abajo y pasan de contrabando por los puestos de control policial para entrar en la ciudad. Algunas se quedan allí en la capital, pero a otras las transportan a otras ciudades y países, y nunca regresan.

»Las que se quedan en la capital trabajan en restaurantes con cabinas privadas. Estas cabinas son cubículos con estructuras de madera que van desde el piso hasta el techo. Esas altas estructuras de madera ocultan más escenas de horror de lo que cualquiera de nosotros pudiera llegar a imaginar.

Casi deseo que Aaron se detenga. Esto es muy doloroso…

—Un hombre entra en uno de estos restaurantes, toma a una de estas preciosas niñas de la mano, la lleva a una cabina, come con ella, bebe con ella y hace lo que le plazca hacer con su cuerpo, ya sea allí en la cabina o en un cuarto de arriba.

»Luego otro hombre hará lo mismo.

»Y luego otro hombre.

»Y otro hombre.

»Y otro.

»Hasta que a veces entre quince y veinte hombres al día han hecho lo que quisieron con una de estas niñas.

Aaron se detiene. Ahora todos estamos mirando hacia la aldea, muy consternados por lo que acabamos de escuchar.

Tengo una hija de ocho años y, sentado en esa roca, no puedo imaginar que eso le suceda. Ni siquiera lo *voy* a imaginar. Sin embargo, estas niñas no tienen la misma libertad que tengo yo. Esta es su vida. Estas niñas que solían escalar y jugar en estas rocas en las que estoy sentado ya no están, y nunca regresarán con sus familias.

Mientras nos levantamos y caminamos hacia la aldea, miramos alrededor y, como Aaron nos dijo, casi no hay niñas de esa edad. En lo que parece una aldea silenciosa, me encuentro gritando por dentro: "¿Por qué, Dios? Si tú tienes el control de todo, ¿por qué permites que suceda esto? ¿Por qué no has salvado a estas niñas de la esclavitud? ¿Por qué no has acabado con cada uno de estos traficantes?".

No lo entiendo. Mientras recorremos y salimos de la aldea, sigo sin entender el porqué.

Tampoco entiendo *qué* significa esto para mi vida. Sin duda debe significar algo. Desde luego, no se supone que yo vea y oiga todo esto y luego regrese a mi vida cotidiana. "Pero ¿qué hago?".

Esa pregunta me preparó el camino para otro encuentro, que personalmente me sacudió aún más.

El rostro del hambre

La caminata de una hora, después de dejar la aldea anterior, es tranquila. Todos íbamos en fila por el sendero, reflexionando en lo que acabábamos de escuchar y ver (o mejor dicho, en lo que no vimos). Tengo pensamientos y emociones encontradas en la cabeza y en el corazón. En medio de todo esto, siento una tensión muy incómoda. Por un lado, quiero que los pensamientos y los sentimientos desaparezcan, quiero volver a casa, donde no tengo que pensar en aldeas saqueadas por traficantes de personas. Esto es demasiado para mí. En cierto modo solo quiero meter la cabeza en la arena y fingir que nunca oí ni vi lo que acaba de suceder, que es solo una pesadilla y quiero despertar y darme cuenta de que nada es real.

Pero por otro lado, quiero hacer algo. *¡Ahora!* Quiero encontrar a un traficante caminando con alguna de esas pequeñas, detenerlo y llevar a esa niña a su hogar. O quiero bajar de inmediato y rescatar a tantas niñas como pueda. Pero no sé cómo. Todos hemos oído que las soluciones al tráfico de personas son complicadas y hay formas sensatas y formas imprudentes de combatirlo.

Sin importar lo que parezca, *solo quiero hacer algo.*

Esa tensión que siento me prepara el camino para la última aldea que visitaremos hoy, una aldea mucho más pequeña que la última. Es pintoresca y bastante tranquila, no hay muchas personas dando vueltas. La mayoría de los adultos seguro todavía está trabajando en las mesetas en la ladera. Miro hacia la izquierda y veo una hilera de unas diez casas de uno o dos cuartos hechas de madera apilada. Afuera de cada casa hay un montón de leña para cocinar y para calentarse. La nieve cubre todo. Poco después de entrar a la aldea, dos niños y una niña, de ocho años aproximadamente, salieron de una casa para saludarnos. Ver el rostro de esa niña en particular fue algo alentador, teniendo en cuenta a las niñas de la aldea anterior.

Claramente, los tres niños son pobres y no están bien nutridos. Sus rostros están cubiertos de suciedad y su ropa está gastada, aunque sus sonrisas son brillantes. La niña me toma de la mano para caminar junto a mí. Mientras paseamos, pienso en mi hija, Mara, a quien adoptamos de un lugar de Asia, no muy lejos de aquí. No puedo hablar el idioma de esta niña, pero le sonrío mientras caminamos de la mano alegremente.

La notó muy delgada y puedo suponer que tiene hambre. También recuerdo lo que Aaron nos dijo antes de iniciar el viaje, específicamente nos advirtió que no diéramos comida. Aaron y su equipo están abordando de manera integral las necesidades de estas aldeas, como el acceso al agua limpia y alimentos suficientes. Por eso, si una persona comienza a dar comida a un niño, todos los otros niños vendrán corriendo y querrán algo, y también vendrán sus padres. Al final, Aaron y su equipo descubrieron que no es bueno a largo plazo darles cosas a algunas personas, de aquí o de allá, ya que se generan más problemas en el proceso.

Pero mientras nos acercamos al final de la aldea, mi nueva amiga, con una sonrisa dulce y tomándome de la mano, extiende la otra mano como pidiéndome algo para comer. En mi mochila tengo barras de proteínas y frutos secos, y el rostro de esta niña me dice que necesita esa comida mucho más que yo. Recuerdo las instrucciones que me dieron y comienzo a sacudir la cabeza lentamente, sin querer decirle que no, siempre intentando mantener una sonrisa en mi rostro.

Con una mirada suplicante, vuelve a extender su mano y dice algo que no entiendo. Imagino que debe de ser algo como: "Por favor, señor, deme algo".

Otra vez, sacudo mi cabeza, intentando con todas las fuerzas sonreír.

En ese momento levantó la voz e intentó tomar mi mochila. Por reflejo, alejo mi mochila para que no pueda tocarla. No solo no le estoy dando comida a esta pequeña hambrienta, sino que además estoy intentando alejarla de ella a propósito.

Mientras sucede esto, ella sigue sosteniendo mi mano y llegamos al final de la aldea. El resto del equipo ya se ha ido y yo tengo que alcanzarlos, así que intento soltarle la mano, pero ella no me deja, la aprieta más fuerte. Ahora no solo le estoy alejando mi mochila, también estoy haciendo fuerza para soltarle la mano a esta niña pobre que ha caminado conmigo, sosteniendo mi mano, sonriéndome mientras atravesamos su aldea.

Finalmente, le quito mi mano y la expresión de su rostro cambia rápidamente. Me mira con desesperación y enojo, y de pronto intenta escupirme, pero no tiene la boca lo suficientemente húmeda, así que su saliva cae en su rostro. Mientras me mira con sus ojos oscuros, la vuelvo a mirar sin nada que decir. Si fuera por mí, desearía darle todo lo que hay en mi mochila (¡o al menos algo!), pero doy la vuelta y me alejo sin mirar atrás.

Camino, rápido, pero no sé por qué. "¿A qué le tengo miedo? ¿De qué estoy huyendo? ¿Por qué me siento así?".

Predico sermones y escribo libros acerca de dar a los pobres. Doy el mismo consejo que recibí sobre no dar a unos pocos si no hay para todos. Hasta escribí un prólogo para un libro popular sobre la mejor manera de ayudar a la gente en necesidad sin lastimarla. Sin embargo, en este momento nada de lo que he enseñado o escrito parece correcto. En este viaje estoy viendo una parálisis trágica en mí mismo frente a la pobreza. Soy muy rápido para decir: "No creo que esta o aquella sea la mejor forma de ayudar a los pobres. No deberíamos hacer esto o darle a este o a aquel proyecto por tal o cual razón". Es que, sin duda, hay un lugar para evaluar la sabiduría de lo que hacemos y de cómo damos.

Pero en algún momento, ¿no necesitamos hacer *algo*, en lugar de alejarnos y no dar *nada*? Podría vivir siempre dando excusas de por qué esto o aquello no funciona o no es adecuado. Pero ¿no debería vivir para descubrir qué es lo que sí funciona y hacerlo?

Unas horas más tarde, en la casa de té donde pasaríamos la noche, no puedo mirarme al espejo. No puedo mirar la misma cara que esa preciosa pequeñita hambrienta, con saliva en su mejilla, vio antes de que jalara para soltarle la mano y huyera con comida en la mochila. En ese espejo no quiero ver a un hombre que puede hablar con tanta facilidad de preocuparse por los pobres, pero que huye tan rápido sin ocuparse de los pobres.

Una perspectiva eternal

Me acurruqué en el saco de dormir, completamente agotado e intentando calentarme en ese aire congelado. Con la lámpara frontal leo del capítulo cuatro al seis de Lucas, que comienzan con esta llamativa declaración de Jesús, que parece haber sido planeada por Dios para que yo la lea en este preciso momento.

Lucas 4:18-19:

El Espíritu del Señor está sobre mí,
por cuanto me ha ungido
para anunciar buenas nuevas a los pobres.
Me ha enviado a proclamar libertad a los cautivos
y dar vista a los ciegos,
a poner en libertad a los oprimidos,
a pregonar el año del favor del Señor.

A medida que leo, voy anotando en mi diario.

¡Por ellos vino Jesús! ¡Por las personas de estas montañas! En un día, he conocido a los pobres, a los cautivos, a los ciegos y a los oprimidos. ¡Todos están aquí! Y Jesús, tú viniste a darles buenas nuevas, libertad, vista y amor a todos ellos. Entonces, ¿por qué les falta todo esto?

*Oh, Dios, tengo tantos "porqué" después de hoy,
y no sé las respuestas. También tengo otras preguntas
como, por ejemplo, qué debería hacer frente a tanta
necesidad. Seguramente huir no es la respuesta. Señor
Jesús, quiero tu vida en mí para dar buenas nuevas
a los pobres, libertad a los cautivos, dar vista a los
ciegos, libertad a los oprimidos y tu favor frente a
las necesidades físicas urgentes.*

Lucas 5:12-16:

En otra ocasión, cuando Jesús estaba en un pueblo, se presentó un hombre cubierto de lepra. Al ver a Jesús, cayó rostro en tierra y le suplicó:

—Señor, si quieres, puedes limpiarme.

Jesús extendió la mano y tocó al hombre.

—Sí, quiero —le dijo—. ¡Queda limpio!

Y al instante se le quitó la lepra.

—No se lo digas a nadie —le ordenó Jesús—; solo ve, preséntate al sacerdote y lleva por tu purificación lo que ordenó Moisés, para que les sirva de testimonio.

Sin embargo, la fama de Jesús se extendía cada vez más, de modo que acudían a él multitudes para oírlo y para que los sanara de sus enfermedades. Él, por su parte, solía retirarse a lugares solitarios para orar.

*Hablando de necesidades físicas urgentes. La lepra
no solo era una enfermedad en esta historia, era
un contagio mortal. Todo el que la tenía debía alertar
a la gente que lo rodeaba para que no se
le acercaran. La ley judía prohibía tocar a los
leprosos. Por eso es sorprendente ver que este hombre*

se acerque físicamente a Jesús, pero lo que más sorprende es la respuesta de Jesús. Él no solo le habla, él hace lo que los otros nunca harían: lo toca. En lugar de alejarse de él como todos, él es el único que se acerca.

Oh, Dios, no quiero alejarme de los necesitados. Quiero correr hacia ellos. Por favor, Dios, perdóname por todas las veces que corrí lejos de los necesitados en lugar de correr hacia ellos.

Lucas 6:24-26:

Pero ¡ay de ustedes los ricos,
porque ya han recibido su consuelo!
¡Ay de ustedes los que ahora están saciados,
porque sabrán lo que es pasar hambre!
¡Ay de ustedes los que ahora ríen,
porque sabrán lo que es derramar lágrimas!
¡Ay de ustedes cuando todos los elogien!
Dense cuenta de que los antepasados de esta gente trataron así a los falsos profetas.

Aquí Jesús promete un cambio bastante grande. En la eternidad, muchos se encontrarán en una condición contraria a la que tienen en la tierra. Esa es una expectativa aterradora para los ricos que ignoran a los pobres, y yo soy el rico.

Por eso Dios, por favor, ayúdame a no ignorar a los pobres. Por favor, ayúdame a vivir con una perspectiva eterna. Por favor, ayúdame a vivir con tu amor por los pobres físicamente, por los hambrientos y los heridos.

Oh, Dios, oro por los pobres que conocí hoy. ¡Ayúdalos! Y también oro para que hagas que mi vida sea el medio por el cual respondas esas oraciones.

REFLEXIONES

¿Qué parte del tramo de este día estremeció más tu corazón? ¿Qué interrogantes te hacen debatirte frente a las necesidades físicas urgentes?

_____

_____

_____

_____

¿Alguna vez le has dado la espalda a alguien con una necesidad física urgente? ¿Por qué lo hiciste? Si te toparas con la misma necesidad en el futuro, ¿cómo podrías actuar de manera diferente?

_____

_____

_____

_____

Día 3. Descuartizadores y té de mantequilla

Poder compasivo

Cuando despiertas muy temprano, muy abrigado en un saco de dormir, y sabes que el clima afuera está totalmente helado, es agradable quedarse allí un poco más de lo normal.

Así que tomo mi Biblia otra vez y, antes de que comience el día, la leo.

Lucas 7:11-17:

Poco después Jesús, en compañía de sus discípulos y de una gran multitud, se dirigió a un pueblo llamado Naín. Cuando ya se acercaba a las puertas del pueblo, vio que sacaban de allí a un muerto, hijo único de madre viuda. La acompañaba un grupo grande de la población. Al verla, el Señor se compadeció de ella y le dijo:

—No llores.

Entonces se acercó y tocó el féretro. Los que lo llevaban se detuvieron, y Jesús dijo:

—Joven, ¡te ordeno que te levantes!

El muerto se incorporó y comenzó a hablar, y Jesús se lo entregó a su madre. Todos se llenaron de temor y alababan a Dios.

—Ha surgido entre nosotros un gran profeta —decían—. Dios ha venido en ayuda de su pueblo.

Así que esta noticia acerca de Jesús se divulgó por toda Judea y por todas las regiones vecinas.

Aquí hay una mujer que perdió a su esposo y ahora también había muerto su único hijo. Para una mujer como esta, en el primer siglo, no había esperanza. No tenía a nadie más de su familia que le proveyera. Así que Jesús la ve y se compadece de ella. Luego, en su compasión, Jesús se acerca al hijo de la viuda y lo levanta de la muerte. Jesús transforma la muerte en vida.

Jesús, te alabo por tu amor a las personas y tu autoridad sobre la muerte.

Lucas 8:40-42:

Cuando Jesús regresó, la multitud se alegró de verlo, pues todos estaban esperándolo. En esto llegó un hombre llamado Jairo, que era un jefe de la sinagoga. Arrojándose a los pies de Jesús, le suplicaba que fuera a su casa, porque su única hija, de unos doce años, se estaba muriendo.

Jesús se puso en camino y las multitudes lo apretujaban.

Imagino qué pasaría ahora si Jesús estuviera caminando en persona por estos valles y aldeas

y se corriera la voz de que tiene poder para sanar
las enfermedades de la gente. Estaría rodeado todo
el tiempo, tal como estaba hace dos mil años.

Lucas 8:43-48:

Había entre la gente una mujer que hacía doce años que padecía de hemorragias, sin que nadie pudiera sanarla. Ella se le acercó por detrás y le tocó el borde del manto, y al instante cesó su hemorragia.

—¿Quién me ha tocado? —preguntó Jesús.

Como todos negaban haberlo tocado, Pedro le dijo:

—Maestro, son multitudes las que te aprietan y te oprimen.

—No, alguien me ha tocado —replicó Jesús—; yo sé que de mí ha salido poder.

La mujer, al ver que no podía pasar inadvertida, se acercó temblando y se arrojó a sus pies. En presencia de toda la gente, contó por qué lo había tocado y cómo había sido sanada al instante.

—Hija, tu fe te ha sanado —le dijo Jesús—. Vete en paz.

Jesús, te alabo por tu poder de compasión en favor de
cada persona. Todos son importantes para ti. Pienso
en tu amor por cada persona que estoy conociendo, o
solo viendo, en estas montañas. Oh, Dios, por favor,
ayúdame a ver a cada persona como tú la ves.

Lucas 8:49-56:

Todavía estaba hablando Jesús cuando alguien llegó de la casa de Jairo, jefe de la sinagoga, para decirle:

—Tu hija ha muerto. No molestes más al Maestro.

Al oír esto, Jesús le dijo a Jairo:

—No tengas miedo; cree nada más, y ella será sanada.

Cuando llegó a la casa de Jairo, no dejó que nadie entrara con él, excepto Pedro, Juan y Jacobo, y el padre y la madre de la niña. Todos estaban llorando, muy afligidos por ella.

—Dejen de llorar —les dijo Jesús—. No está muerta, sino dormida.

Entonces ellos empezaron a burlarse de él porque sabían que estaba muerta. Pero él la tomó de la mano y le dijo:

—¡Niña, levántate!

Recobró la vida y al instante se levantó. Jesús mandó darle de comer. Los padres se quedaron atónitos, pero él les advirtió que no contaran a nadie lo que había sucedido.

Jesús, solo tú controlas la muerte y solo tú puedes dar vida. No hay nadie como tú. Sin embargo, hay tantos en estas aldeas (casi todos) que nunca han escuchado nada acerca de ti. ¿Por qué? ¡Ellos necesitan oír de ti! Por favor, úsanos en este viaje para que la gente te conozca.

Acostado en el saco de dormir, con el diario en la mano, me pregunto cómo poder aplicar particularmente estos pasajes de la Palabra de Dios en el camino que haremos hoy.

Yaks en el camino

Me levanto con la misma ropa que usé ayer. Todos en el equipo coincidimos en que hace mucho frío para cambiarse y nos damos cuenta de que nos bastará con una sola muda de ropa para todo el viaje, igual necesitamos utilizar la misma varios días. Así que enrollamos los sacos de dormir y volvemos a llenar las mochilas, luego vamos a la casa de té donde nos sentamos para comer pan, *omelettes* y beber té chai.

—Ayer cubrimos mucho terreno a muy buen ritmo —dice Aaron—. Hoy iremos un poco más lento, porque cuanto más descendamos en una zona llamada Taplejung, más gente veremos en los senderos.

Ahora que estamos alimentados y descansados, partimos. El aumento del tráfico en el sendero es complicado, particularmente en los puntos más angostos. Como dije antes, caminar por la cornisa de una montaña es traicionero. Se vuelve más delicado aun cuando viene otra persona de frente, ¡y es mucho más peligroso cuando te encuentras con un yak!

Les voy a hablar de los yaks. Son unas bestias de carga color café y fuertes, con piernas robustas, parecidas a las vacas, y grandes pieles lanudas para abrigarse en temperaturas extremas. Ah, y tienen cuernos. Los yaks están por todos lados aquí y son animales muy valiosos para los aldeanos. La leche de yak aporta proteínas y nutrientes, no solo al beberla, sino también cuando se utiliza para hacer guisados o mantequilla. El estiércol de yak se usa para fertilizar los campos y como combustible para cocinar. Muchas partes del yak se pueden comer y el pelo y el cuero se usan para hacer ropa y mantas. Además, los yaks son la primera fuente de transporte de artículos por los senderos de la montaña.

Los pastores amarran todo tipo de provisiones en el lomo de un yak, luego ponen una campana en su cuello y guían por los senderos a una manada de yaks amarrados entre sí. Estos animales son sorpresivamente ágiles y de paso firme, lo que les permite andar por estos caminos inclinados y angostos con mucha estabilidad y lentitud.

Aquí es cuando los yaks se ponen un poco ansiosos. Estamos caminando por una cornisa angosta junto a la montaña cuando de frente, aún sin verlos, escuchamos las campanas de los yaks.

Damos vuelta en una esquina y allí, en línea, vemos cerca de diez animales caminando hacia nosotros. Están cargando provisiones y no están interesados en negociar este camino con nosotros. Aprendes rápido que el mejor lugar para moverte cuando ves un yak caminando hacia ti es justo contra la montaña. Es decir, ¡abraza la montaña! Lo último que quieres es darle ese lado del camino al yak, porque si estás del lado de la cornisa y te empuja, te caerás por la montaña y morirás, mientras que él continúa con su día como si nada hubiera sucedido.

Así que abraza la montaña mientras que estos yaks pasan a tu lado uno por uno. Detrás de ellos viene su pastor, que está arreándolos constantemente para mantener a su manada en movimiento. Una vez que pasan, puedes volver a tu camino en paz, aunque debes cuidar por dónde caminas. La cantidad de estiércol que estos yaks dejan a su paso te deja casi sin aire (literalmente).

Funeral celestial

Después de un rato, el sendero se ensancha y llegamos a un claro. Caminamos un rato por una llanura plana que termina llevándonos cerca de unas rocas apiladas a unos quince metros del sendero y nos detenemos para mirarlas más de cerca. Las rocas están apiladas de forma circular y forman una especie de plataforma, tan ancha como un cuerpo humano y tan alta como para llegar hasta donde alcanzan mis manos. Alrededor de las rocas hay delgados palos de madera y, atadas a ellos, hay unas banderas blancas rasgadas, que están ondeando al viento mientras nos acercamos. El lugar parece haber albergado una ceremonia y Aaron nos reúne para explicarnos lo que pasó ahí.

—Aquí tuvo lugar lo que se conoce como funeral celestial —dice—. Según las creencias budistas, una vez que una persona muere, su espíritu reencarna en el cuerpo de otra persona, animal u objeto. Esa reencarnación sucede en ciclos de vida infinitos, hasta que un espíritu potencialmente llegue a un estado de nirvana. Entonces, cuando alguien muere, su cadáver ya no tiene ningún valor. Es solo una cáscara que desechan los que se quedan.

Aaron hace una pausa y se acerca un poco más a la pila de rocas.

—Así que en lugar de enterrar el cuerpo en las montañas —continúa—, lo cual es muy difícil por la dureza del terreno, por la mañana temprano los monjes budistas traen los cuerpos a un lugar funerario como este. También vienen los familiares y amigos, aunque se quedan a cierta distancia. A los monjes que realizan la ceremonia se les llama *rogyapa*, o descuartizadores.

—Tengo una pregunta, ¿todos los budistas que mueren tienen un funeral así? —pregunta Sigs.

—No —responde Aaron—. No todos lo hacen y ahora cada vez es menos común que hace unos años. Pero como vemos en este lugar, aquí sucedió hace poco.

—Y ¿cómo funciona? —pregunta Sigs.

—El monje utiliza unas cuchillas de ritual para desmembrar el cuerpo y cortarlo en pedazos —responde Aaron—. Cuando termina de cortarlo todo, lo coloca en la pila de rocas y vienen los buitres y se lo comen. Luego de que las aves se comen la carne y los órganos, los *rogyapa* utilizan mazos para romper los huesos. El propósito de la ceremonia es desechar cada parte del cuerpo al punto de que no quede nada.

Honestamente, esta es una información que cuesta digerir, lo que describe suena como algo que en casa sucedería en un frigorífico. Sin la explicación de Aaron, hubiéramos caminado junto a estas rocas y las banderas ondeantes sin saber los rituales que se realizan aquí.

Aaron obtiene toda nuestra atención:

—Estás acciones físicas están cargadas de sentido espiritual para los budistas que viven es estos valles de montaña. Algunos creen que el funeral celestial es una figura visible del alma de una persona ofrecida a los espíritus o dioses en las montañas, mientras que el alma se mueve hacia una nueva encarnación. Muchos creen que es un símbolo de compasión hacia la creación, por el hecho de utilizar un cadáver para alimentar a los pájaros y proveer nutrientes a la naturaleza. Lo que todos creen es que es un símbolo del vacío del cuerpo junto con un ciclo infinito de sufrimiento del alma.

Mientras escucho y veo el lugar del funeral celestial, mi mente comienza a enfocarse en algo que parece completamente diferente a lo que pensaba ayer. Hace un día, de aldea en aldea, me confronté con las necesidades físicas urgentes: un hombre sin un ojo; más de sesenta personas muertas por cólera; un niño golpeado, quemado y encadenado en un granero; niñas de apenas ocho años vendidas como esclavas sexuales; y una pequeña preciosa y enojada, desesperada por comida. Sin embargo, mi enfoque al comienzo de este día no está en las necesidades físicas, aunque son muy importantes, sino en las necesidades espirituales. Es abrumador estar en un lugar donde, hace pocos días, cortaron y trituraron el cuerpo de un hombre, una mujer o un niño y lo ofrecieron a los pájaros. Es más agobiante pensar dónde está ahora el espíritu de ese hombre, esa mujer o ese niño.

En otras palabras, por más que las necesidades físicas sean muy importantes, ahora estamos recibiendo un recordatorio inolvidable: que llega un momento en que el cuerpo ya no está, y lo que sucede después de eso es muy importante. Es importante para ese hombre, para esa mujer o para ese niño, y también para cada una de las personas de esta montaña. Es importante para mí… y para ti.

Y no solo es importante ahora.

Es importante para siempre.

¿Creer en una mentira?

Luego de que Aaron termina el tema del funeral celestial, me alejo en silencio junto con todos los demás.

Retomamos el sendero y, otra vez, caminando con dificultad por la ladera, me pierdo en mis pensamientos. Me sorprenden las diferencias obvias entre la fe bíblica y la fe budista. Recuerdo la primera vez que estuve cara a cara con el budismo. Estudiaba en una universidad pública, a la que asistí durante un tiempo, cuando me encontré cuestionando la validez de la fe bíblica en la que había crecido. Mi estudio sobre el budismo, el islam, el hinduismo, el animismo y el ateísmo al final terminaron fortaleciendo mi creencia en la Biblia y lo que enseña acerca de Dios, la humanidad, lo que está mal en el mundo y la esperanza que tenemos para poder cambiarlo.

En el proceso de explorar distintos sistemas de creencias, comencé a ver lo absurdo del universalismo. Había escuchado a gente decir que todas las religiones o sistemas de creencias son fundamentalmente iguales, con apenas algunas diferencias superficiales. Pero cuanto más estudiaba este tema, más veía que no estaban ni cerca de la realidad. Es ilógico y ridículo decir que un ateo que cree que no existe ningún dios y un cristiano que cree en Dios tienen la misma creencia fundamental. Mientras que es completamente válido para estas personas tener diferentes creencias acerca de Dios, sin embargo, ambas creencias no pueden ser completamente ciertas. Dios existe o no existe, lo que hace que las creencias de una persona sean ciertas y las de la otra sean falsas, sin importar cuán apasionadamente uno sostenga esa creencia.

Los seguidores de Jesús creen que Él es Dios hecho carne y que murió en la cruz. En contraste, los seguidores de Mahoma creen que un hombre no puede ser Dios, y Jesús (un "buen hombre" según sus creencias) no murió en una cruz.

Estas creencias son fundamentales en ambas religiones, aunque son completamente diferentes. Jesús es Dios o no lo es, murió en la cruz o no lo hizo. Otra vez, es válido que más de mil millones de personas crean una cosa y que otros mil millones crean otra; sin embargo, la realidad es que más de mil millones de personas están creyendo una mentira.

Por eso, aquí, en estos senderos, pienso más en el budismo, ya que a mi lado veo las consecuencias de sus creencias puestas en práctica. Esas consecuencias se vuelven más claras cuando ingresamos a la siguiente aldea, donde el equipo se separa para almorzar en diferentes hogares.

La hospitalidad de la montaña

Aaron conoce a más personas en esta aldea y les ha pedido a diferentes familias que nos reciban con pan y té. Así que preparamos nuestras mochilas, nos separamos en grupos y nos dispersamos por la aldea. En un grupo están Aaron, Sigs y Chris, y Nabin y yo vamos a otra casa.

Los dos llegamos a una casa de una habitación. Es como un triplex, conectado con otras casas de una habitación a cada lado. La casa tiene dos pisos, un área debajo para refugiar a los animales y un área arriba que es el refugio de la familia. La casa está hecha de piedra y madera, y tiene vigas ásperas y gruesas. Subimos una escalera para ir al segundo piso y ese es el lugar donde la familia duerme, come y vive, en un espacio pequeño y pintoresco.

Mientras subimos a la sala de estar, veo que el techo es bajo, así que nos agachamos para no golpearnos la cabeza. La sala es acogedora, pero oscura, y se siente un aroma a fuego de leña mezclada con incienso. A nuestra izquierda vemos una pequeña llama cubierta por una parrilla rectangular en la que hay una tetera de hierro fundido. A un lado de la sala los colchones de la familia están apilados contra la pared. Solo hay una pequeña ventana que deja entrar una luz tenue.

Intercambiamos saludos (Nabin traduce) y nuestra anfitriona nos hace señas para que nos acerquemos y nos sentemos junto al fuego, que está junto a la pared, con tres sitios para sentarse, cada uno con una alfombra. Tradicionalmente, en esta cultura el hombre del hogar con más edad se sienta en el lugar de honor que, mirando hacia el fuego, es a la derecha. Como el esposo de la señora ahora está trabajando, me señala que me siente en el lugar de honor. Al principio me siento incómodo, pero ella insiste. Nuestra anfitriona nos prepara el té. Le hacemos preguntas acerca de su familia y descubrimos que tiene una hija de tres años y un hijo de doce. Casi en ese mismo momento, la niña sube la escalera y entra en la sala. Al ver a estos extraños en su casa, corre tímidamente hacia su mamá. Es totalmente encantadora. Le sonreímos y al rato nos sonríe también.

La mamá nos habla de su niño de doce años. Cuando tenía cinco años, la familia lo envió a un monasterio budista para hacerse monje. Esa es la costumbre para los primogénitos en esta aldea. Así que el hijo vive allí y solo ve a su familia en ocasiones especiales.

Mientras prepara el té, saca un tubo de madera grueso de aproximadamente tres pies de largo (unos noventa centímetros). Luego toma una cucharada grande de mantequilla y la arroja al fondo del tubo. Toma del fuego la tetera con agua hirviendo y sirve un poco en el tubo, donde colocó la mantequilla. Luego toma un utensilio largo y grueso y bate hacia arriba y abajo en el tubo para mezclar el agua y la mantequilla.

Repite el proceso con otra bola de mantequilla, y otra, y otra junto con más agua caliente hasta que el té de mantequilla está listo para servir. Toma un recipiente del tamaño de una taza de café, vierte el té del tubo en la taza y nos lo da. Una vez que el líquido se enfría para beberlo, comienzo a tomarlo a sorbos. Como era de esperar, tiene el sabor que imaginas que tendrá una bebida hecha con bolas de mantequilla y agua caliente.

Luego, la mujer nos ofrece leche de yak para el té. Como no sabemos exactamente hace cuánto tiempo la leche ha estado fuera, me niego amablemente, diciéndole que soy intolerante a la *yaktosa*. (Es una broma. ¡No le dije eso de verdad!)

Cuando comienza a servir el pan, el esposo sube la escalera, así que rápidamente cambiamos de alfombras para dejar libre el lugar de honor. Nos presentamos y terminamos hablando sobre su trabajo y la rutina familiar. Aquí sentados, bebiendo té de mantequilla con la taza en una mano y saboreando el pan con la otra, comenzamos a hablar de cómo es un día normal para ellos.

Nos dicen que se levantan al filo de las cuatro o cinco de la mañana y preparan el té y el pan para el desayuno. Luego, el esposo se va al campo cerca del amanecer y la esposa sale un poco más tarde con la hija en su espalda. Él trabaja allí todo el día hasta que el sol comienza a descender, alrededor de las seis de la tarde, y ella regresa más temprano para preparar la cena. Todo esto, por supuesto, solo sucede cuando el clima lo permite. Durante los meses más fríos del invierno las temperaturas pueden llegar a estar por debajo de 0 °F y deben quedarse dentro todo el día y la noche. Por este motivo, cuando los días son más agradables, deben trabajar todo el día, para cultivar y almacenar la cosecha y otras provisiones necesarias para el largo y cruel invierno.

Mientras nos cuentan esto, veo al lado del fuego, en un estante, un libro junto a lo que parece un santuario budista, que tiene una pequeña estatua de Buda detrás de cuatro velas en copas de plata.

—¿Me hablarían acerca de ese libro y la estatua? —pregunto, señalando el estante.

Con una sonrisa, el padre contesta:

—El libro contiene enseñanzas acerca de Buda. No sabemos leer, así que esperamos a un monje que nos lee las enseñanzas del libro. Un día —dice orgulloso—, mi hijo podrá leérnoslo.

Y luego nos habla del santuario:

—Cada mañana cuando nos levantamos, lo primero que hacemos es quemar incienso frente a la estatua de Buda. Llenamos estas copas de plata con agua y encendemos las velas que flotan en ellas.

—¿Por qué hacen eso todas las mañanas? —pregunto.

—Queremos vivir bien en nuestra próxima vida —explica.

—Queremos una mejor que esta —dice su esposa con una sonrisa esperanzada, mirando a su esposo.

Él asiente y luego me pregunta:

—Ustedes también lo hacen, ¿no?

Luego de una pausa incómoda, respondo:

—No, yo no.

Comienzo a explicarles brevemente acerca de Dios y de Jesús, y en un momento les pregunto:

—¿Han oído hablar de Jesús?

Sus rostros se ven confundidos.

—No, ¿quién es?

Al igual que Kamal cuando hizo esta pregunta el día anterior, parece que se imaginan a un hombre de otra aldea que no conocen. Nunca han oído hablar de Jesús y no tienen idea de quién es.

Comienzo a hablarles de Jesús, pero en ese momento distintas distracciones desvían la atención. Afuera, alguien llama al esposo y él se disculpa. La madre es alejada por su hija y, cuando esta regresa, intenta servirnos más pan y té. Nabin dice que tal vez es hora de irnos, así que amablemente rechazo su ofrecimiento. Por algún motivo, ella interpreta mi respuesta como positiva y toma el tubo para servirme más té. Levanto la mano diciendo:

—Estoy bien. No necesito más. —Pero ella lo interpreta como una luz verde para intentar darme más. Para ese momento, ella está sonriendo y yo me río mientras forcejeamos hacia adelante y hacia atrás como en una rutina de comedia.

En ese momento Nabin me dice:

—Si colocas la mano sobre la taza, sabrá que no quieres más.

Así que cubrí la taza con la mano y dije lo mejor que pude:

—Gracias. —Ambos sonreímos. Suficiente té de mantequilla. Nos levantamos para irnos y agradecemos profundamente a nuestra anfitriona por su hospitalidad. Luego descendemos para salir de la casa y vamos hacia nuestras mochilas. Mientras salímos, nos damos vuelta y vemos a esta madre y a su hija sonriéndonos desde lo alto de la escalera.

¿Cómo lo sabrán?

Mientras nos alejamos de esta aldea, pienso en las similitudes entre esta pareja y Heather y yo. Amamos a nuestras familias, estamos orgullosos de nuestros hijos y trabajamos duro para ellos (aunque creo que su trabajo en los campos es mucho más difícil que cualquier otro trabajo que haya hecho). Además, ambos matrimonios tenemos creencias firmes y, aunque son muy diferentes, ambos tratamos de ponerlas en práctica desde que comienza el día.

Pero esta es la gran diferencia que no entiendo mientras esquivo las rocas del camino. A diferencia de Heather y yo, ¿por qué esta familia y sus ancestros nunca han oído que hay otras creencias y formas de vivir? Cuando nos hablaban de su ritual matutino frente al santuario budista, daban por sentado que todos en el mundo creían en lo mismo y hacían el mismo ritual…, como si todos en el mundo creyeran en la reencarnación y en el ciclo infinito de la vida, el sufrimiento y la muerte, solo para comenzar todo de nuevo una y otra vez. Como si todos en el mundo supieran que si encendemos suficientes velas, las cosas serán mejores para nosotros cuando muramos.

Pero ¿qué pasa si eso no es verdad? Obviamente, sería responsable de las consecuencias si estas creencias budistas fueran ciertas y elijo no creerlas. Pero eso es, *puedo elegir.* Esta familia, aparentemente, no ha podido elegir. Nadie les ha dicho que puede haber otro credo y otra forma de vivir, así que viven cada día haciendo estos rituales, sin saber que si sus creencias son falsas, entonces su esperanza, no solo en esta vida, sino también cuando mueran, está basada en una mentira.

Mientras continúo en el camino, en mi cabeza surgen otras dudas. Desde luego, creo que Jesús es real. Creo que Dios amó tanto al mundo que de verdad envió a Jesús, Dios hecho carne, para morir en una cruz como pago por el pecado. Creo que Jesús se levantó de la muerte triunfando sobre el pecado para que todos los que creen en Él tengan vida eterna. Pero mientras yo creo esto, no puedo entender por qué dos mil años más tarde hay tantas personas en el mundo que ni siquiera lo han oído. En la Biblia leo que Dios no quiere que nadie perezca y quiere que todos confíen en su amor, pero ¿cómo pueden confiar en su amor si nunca han oído hablar de él?

Las personas de estas aldeas ven la gloria de Dios en la grandeza de los picos enormes todos los días. Incluso mientras me estoy cuestionando esto, observo la majestuosidad que me rodea. De verdad desearía poder describir con palabras los escenarios que nos rodean en estos caminos, pero sería como ir al Gran Cañón, darte un pedazo de papel y pedirte que describas lo que ves. Es imposible describirlo solo con palabras.

Basta con decir que mientras subes por estos senderos, la creación que te rodea grita el esplendor del Creador. Sin importar lo hermoso que es el paisaje, me doy cuenta de forma más profunda de que esto no es suficiente para comunicar la grandeza del amor de nuestro Creador. Por más de dos mil años, estas montañas espectaculares han declarado la gloria de Dios, pero ni por un segundo estos picos majestuosos han hablado de Jesús. Dios ha revelado su grandeza a cada persona de estas aldeas, pero casi ninguno de ellos ha oído hablar de su gracia.

¿Por qué?

La ventana al infierno

Todas estas dudas se me vienen a la cabeza mientras nos relajamos en la ladera de una montaña junto a un río. Debajo, a lo lejos, veo humo junto a la orilla del río, pero no sé por qué. Cuanto más nos acercamos, vemos a más personas congregadas a la orilla del río. Claramente sucede algo, pero nadie nos prepara, ni nos podría haber preparado, para lo que estamos a punto de vivir.

Mientras nos acercamos al río, vemos a un grupo de hombres jóvenes cargando lo que parece un cadáver envuelto en una sábana blanca. Sorprendidos, observamos cómo lo dejan en una plataforma ubicada a unos seis metros por encima del agua. La gente se lamenta alrededor de lo que reconocemos que es una pira funeraria. Luego de colocar el cuerpo en la pira, un anciano enciende una antorcha y comienza a quemar los pies, las manos y el cabello del muerto. Las sábanas blancas se oscurecen, el cadáver se prende, llamas amarillas vuelan por el aire y el humo negro estropea el cielo azul.

Aaron se para detrás de nosotros y nos explica lo que sucede. Nos dice que es un ritual hindú. Los hindúes de esta zona creen que este río es santo. Así que cuando un familiar o amigo muere, traen su cuerpo al río dentro de las siguientes veinticuatro horas y le prenden fuego. Ellos creen que las cenizas del cuerpo que caen en el río ayudan al difunto en el proceso de reencarnación.

Los demás comienzan a hacerle preguntas a Aaron, pero yo me alejo y me siento. No puedo dejar de mirar. Mientras veo esas llamas, pienso en lo que creo, en lo que predico de la Biblia, que todos los que no creen en que Jesús los salva de su pecado pagan por él en un infierno eterno.

Infierno, un lugar que el mismo Jesús describe como un tormento consciente, oscuridad exterior y ardiente agonía. La Biblia en repetidas ocasiones describe el infierno como un lago de fuego del que nadie saldrá nunca.

Algunas personas objetan diciendo que estas descripciones bíblicas del infierno solo son simbólicas. Tal vez, creen algunos, el lenguaje no es literal, pero aunque así sea, necesitaríamos hacer la pregunta obvia: ¿qué creemos que representan estos símbolos del infierno? ¿Un retiro de invierno? ¿Unas vacaciones de verano? Claramente, estas descripciones no hablan de un lugar agradable. Son símbolos de un lugar terrorífico. El propósito de un símbolo es expresar una realidad mayor de la que puede expresarse con palabras, así que no nos debería dar ningún consuelo que las descripciones bíblicas del infierno sean simbólicas.

Así que me siento a la orilla del río y entiendo que si lo que creo es real, ahora estoy frente a una imagen física de una realidad espiritual. Este cuerpo que está en llamas estaba vivo hace veinticuatro horas y ahora está en el infierno, en un fuego eterno del que él —o ella— nunca podrá ser rescatado.

Luego, como si esa observación no fuese sólida de por sí, siento que me golpea por dentro. Esta persona, como casi todas las personas cuyo cuerpo es quemado en estas piras, no solo está en el infierno, sino que seguramente nunca tuvo una oportunidad de oír qué hacer para ir al cielo. Nunca escuchó que Jesús puede salvarla de su pecado.

¿Esto es correcto? ¿Esto es real? ¿Las personas que nunca tuvieron la oportunidad en vida de oír acerca del cielo se van al infierno por la eternidad?

He predicado acerca de esto cientos de veces y he escrito capítulos sobre el destino de condena eterna de las personas que no oyeron el evangelio. Sin embargo, en este momento lo que creo acerca de *esas personas* parece pesar una tonelada más cuando miro a *esta persona* con su cuerpo devorado por el fuego. Ayer, a esta hora, esta persona estaba viva en una de estas aldeas por las que caminamos. Es como si mirara al infierno a través de una ventana, me cuesta mucho creer lo que veo.

Veo la majestad de Dios por todos lados en estas montañas, pero me pregunto dónde se encuentra su misericordia en este lugar.

Dos opciones

Miro alrededor y me doy cuenta de que estoy solo. Veo al grupo que ya se adelantó en el camino y está al otro lado del río, así que me levanto rápido y corro hacia ellos. Aparentemente, Aaron me estaba mirando, y se queda a esperarme hasta que lo alcanzo.

—¿Estás bien? —pregunta.

—No —admito—. No lo estoy.

—Dime lo que estás pensando.

—No lo entiendo. Creo en todo lo que enseña la Biblia sobre el cielo y el infierno. Me atengo a todo lo que he predicado y escrito acerca de lo que les sucede a los que nunca han oído el evangelio cuando mueren. Entonces, ¿por qué me resulta tan difícil lo que veo?

Aaron me comprende.

—No conozco a nadie que crea en el infierno a quien no le resulte difícil en algún momento creer en ello. Si no tienes dudas acerca de lo que crees del infierno, entonces, en realidad, no crees en él.

—Entonces, si el evangelio es real —pregunto como si fuese la primera vez que hago realmente esta pregunta—, ¿por qué hay tantas personas en el mundo que ni siquiera han oído de él?

—Eso —dice Aaron— es un misterio para mí.

Caminamos en silencio por un momento y luego dice:

—Esta es la conclusión a la que he llegado con respecto al infierno. Tú, yo y cada persona que viene a este lugar tiene dos opciones acerca de cómo pensar y cómo vivir basadas en lo que vemos aquí.

—Sí, te escucho.

—La primera opción es dudar de la Biblia: es decir, observar los cuerpos en llamas y decidir que el infierno no existe, o que no se necesita a Jesús para ganar el cielo. Esas personas pueden ir al cielo sin tener fe en Jesús, pero la única forma de creer eso es desmentir la Biblia. Esa es una opción.

—¿Y la segunda? —pregunto.

—La segunda opción es creer lo que dice la Biblia y demostrar esa creencia invirtiendo tu vida para compartir su verdad y su amor en un mundo de mucha necesidad espiritual. No solo ocuparse de las necesidades físicas —dice Aaron—, aunque son muy importantes, sino vivir sabiendo que la necesidad espiritual de las personas es su necesidad más urgente.

—¿Cómo puedes decir eso? —lo presiono—. Ayer vimos necesidades físicas tremendas y tú estás haciendo todo tipo de cosas para suplir esas necesidades. ¿No son igual de importantes?

—No —responde Aaron—. No me malinterpretes. Suplir esas necesidades físicas es muy importante. Conseguir filtros de agua, equipos médicos y sistemas de higiene para esta aldea que fue devastada por el cólera es una necesidad urgente.

—Exacto —comienzo a decir, pero Aaron me interrumpe.

—Pero sin importar cuánto ayuden esos filtros de agua, el hecho es que no lograrán que nadie de esa aldea vaya al cielo, ni lo harán la medicina o los sistemas de higiene. Lo que más necesita esa aldea es la verdad del amor de Dios que les dará vida para siempre.

La necesidad más importante

Justo después de que Aaron dice esto, alguien del grupo que va adelante lo llama, así que se apresura para ver qué necesita. Eso me deja solo para procesar los sucesos del día mientras nos acercamos a la aldea donde pasaremos la noche.

Mientras observo la relación entre las necesidades físicas y espirituales, recuerdo una conferencia de misiones mundiales donde prediqué hace unos meses. En la audiencia había cerca de mil líderes jóvenes de más de cien países y me pidieron que hablara veinte minutos. No sabía que había una plataforma en redes sociales para el evento donde, durante las conferencias, los participantes podían dialogar entre ellos con respecto a lo que decía el orador. No supe eso hasta que llegaron mis veinte minutos, luego supe que lo que había dicho había generado todo tipo de debates.

Básicamente, había hablado sobre todos los asuntos con los que estaba luchando hoy aquí en el camino: la realidad de un infierno eterno y la prioridad de proclamar el evangelio a los que nunca lo han oído. Había hablado de que el infierno es real y dura para siempre, como enseña la Biblia, por eso compartir el evangelio es la obra principal que debe hacer la Iglesia alrededor del mundo.

Al finalizar, muchos de estos líderes se habían acercado para debatir si el infierno era real y duraba para siempre. Otros querían discutir que los ministerios de misericordia y los actos de justicia social eran tan importantes como compartir el evangelio, o más, en algunas situaciones. Esas conversaciones siguieron no solo durante la conferencia, sino en los días y semanas siguientes, con los organizadores de la conferencia, quienes tenían algunas preocupaciones similares sobre lo que yo había hablado. Al final, me quedé perplejo al saber que hablar de la imagen bíblica del infierno y la importancia de compartir el evangelio había generado tantos problemas en una conferencia de misiones mundiales.

Sin embargo, ahora, en este viaje meses después, mientras camino y veo todo esto, entiendo mejor las dudas de estos líderes. De hecho, por lo que personalmente vi ayer más de cerca, en medio de estas necesidades físicas tan grandes, sí creo que se necesitan con urgencia la justicia social y los ministerios de misericordia. Además, según lo veo hoy de una manera nueva, hasta la posibilidad (y mucho más la realidad) de un infierno eterno es devastadora. Y, sin duda, hay mucho más en mí en este momento que desea que el infierno no sea real. No quiero que esa persona cuyo cuerpo aún sigue ardiendo esté en el infierno para siempre.

Pero ahí es cuando las palabras de Aaron me convencen en lo profundo y me doy cuenta de que tengo dos opciones.

Una, puedo descreer de la Biblia. Puedo decir que la Palabra de Dios no es real o, lo que es más, puedo afirmar que los caminos de Dios no son los correctos. Puedo convencerme de que tengo más compasión que el mismo Dios y, si estuviera al mando, nunca hubiera creado un lugar como el infierno. En otras palabras, rápidamente puedo convencerme de que soy más sabio que Dios y su Palabra con respecto a lo que está bien y lo que está mal en el mundo.

Cuanto más pienso en esta opción, más me doy cuenta de que es la esencia del pecado. Si volvemos a Génesis, el pecado entró en el mundo cuando la creación se creyó más sabia que su Creador. El pecado entró en el mundo cuando el hombre y la mujer se convencieron de que sabían lo que era correcto y Dios estaba equivocado.

Mi otra opción es creerle a Dios en su Palabra, la Biblia, y demostrarlo invirtiendo mi vida para compartir la verdad y el amor de Jesús en un mundo que tiene una necesidad espiritual urgente. Sin duda, esto incluye trabajar para cubrir las necesidades físicas mediante los ministerios de misericordia orientados hacia la justicia social. Pero los filtros de agua, los equipos médicos, los elementos de higiene y un montón de otros recursos, aunque son necesarios, no llevarán a nadie al cielo. Y cualquier sufrimiento temporal en la tierra, aunque sea grave, no se compara al sufrimiento eterno, que no tiene fin.

Esperanza más allá de la muerte

Cuando alcanzo al grupo en la aldea donde pasaremos la noche, recuerdo las historias de Lucas 7-8 con las que comencé el día, los milagros de las personas que resucitaron.

De hecho, me doy cuenta de que esta es la mayor necesidad que tenemos todos en la vida, tanto en el Himalaya como en toda la tierra: tener esperanza más allá de la muerte física. Todos moriremos, porque todos hemos pecado, y eso significa que todos necesitamos oír y creer en aquel que tiene autoridad sobre la muerte.

Luego de cenar con el equipo, como siempre, ya estamos listos para ir a la cama y abrigarnos. Así que mientras me preparo para la noche, comienzo a orar y suplicar mientras me quedo dormido.

Oh, Dios, elijo creer en tu Palabra. No digo que la entienda, pero elijo creerla. Elijo creer que solo Jesús tiene poder sobre la muerte y autoridad para dar vida. Oh, Dios, oro para que si esto es real, entonces ¡las personas de aquí necesitan saber de Jesús más que cualquier otra cosa! ¡Tú lo sabes! Y yo lo estoy entendiendo mejor que nunca.

¡Te lo suplico más que nunca! Por favor, ¡muestra tu misericordia en estas montañas! ¡Demuéstrala ahora, oh, Dios! ¡Antes de que haya otro funeral celestial! Antes de que más personas nazcan, vivan y mueran con su esperanza puesta en el incienso que queman para una estatua. Antes de que pongan a más

personas en una pira funeraria. Ha pasado mucho tiempo, demasiado, oh, Señor, sin que se conozcan el amor, el poder, la compasión, la autoridad y el nombre de Jesús. Por favor, por favor, por favor, ¡muestra aquí tu salvación! Y por favor, oh, Dios, usa mi vida como quieras para compartir este evangelio como la respuesta a la necesidad más urgente que tienen las personas de este mundo: una vida eterna contigo.

REFLEXIONES

¿Crees que la necesidad espiritual es más importante que la física? ¿De qué forma tu respuesta a esta pregunta influye en tu vida diaria?

_____

_____

_____

_____

¿Qué efecto tiene en ti la realidad de que muchas personas en el mundo nunca han oído hablar de Jesús? ¿Cómo crees que esa realidad debería afectar la manera en que vives?

_____

_____

_____

_____

Día 4. Vi lucecitas subiendo la montaña

Antes de que comience el día

Estamos durmiendo en pequeñas habitaciones junto a una casa de té en el camino. Cada habitación tiene una cama (una plataforma elevada de madera con un colchón delgado encima). Hay un pequeño lugar en el piso al lado de la cama para poner la mochila. Las paredes son paneles de madera liviana, como el piso, que cruje con cada paso. Es imposible levantarse e ir hasta el restaurante a mitad de la noche sin hacer ruido, pero igualmente prefieres evitar ese camino a toda costa, ya que una vez que te encierras en el saco de dormir, no quieres ir a ningún lado. Recuerda…, estás durmiendo en temperaturas bajo cero.

Cuando entras a tu habitación en la noche, está muy oscura, y debes tener la lámpara frontal puesta para poder ver, ya que no hay electricidad, y debes revisar la habitación lo mejor que puedas, para asegurarte de que no haya ninguna criatura que pase la noche contigo. Las arañas saltarinas del Himalaya son los residentes que habitan permanentemente a más altitud de la tierra y pueden vivir en las montañas en altitudes de hasta veintidós mil pies (seis mil setecientos metros). Aparentemente, son unas criaturas fascinantes, pero no deseo compartir el espacio con una de ellas.

Si no ves ninguna criatura (¡gracias a Dios!), ya puedes dejar el equipaje y tomar el saco de dormir. Lo estiras en la alfombra y luego haces todo lo que tengas que hacer antes de acostarte. Cuando estás listo, te quitas los zapatos y el abrigo y entras tan rápido como puedes. De inmediato, cierras todo el saco de dormir hasta que te cubre la cabeza y el rostro, y solo dejas un pequeño espacio para respirar.

Y ya estás listo. El calor atrapado en ese saco brinda un abrigo que no has sentido en todo el día, y luego de todas esas millas que has caminado por los senderos, ese calor enseguida te arrulla para dormir. Idealmente, te despiertas con el sol saliente que se asoma por las grietas de los paneles de madera y eso indica que es hora de volver a empezar.

Hoy me despierto con el sol y no tengo apuro por salir otra vez al frío, así que abro el saco de dormir solo un poco para leer la Biblia y apuntar algunos pensamientos. Esta mañana estoy en Lucas 10, donde, entre otras cosas, leo la siguiente historia.

Lucas 10:25-37:

> En esto se presentó un experto en la ley y, para poner a prueba a Jesús, le hizo esta pregunta:
> —Maestro, ¿qué tengo que hacer para heredar la vida eterna?

Jesús replicó:

—¿Qué está escrito en la ley? ¿Cómo la interpretas tú?

Como respuesta el hombre citó:

—"Ama al Señor tu Dios con todo tu corazón, con todo tu ser, con todas tus fuerzas y con toda tu mente", y: "Ama a tu prójimo como a ti mismo".

—Bien contestado —le dijo Jesús—. Haz eso y vivirás.

Pero él quería justificarse, así que le preguntó a Jesús:

—¿Y quién es mi prójimo?

Jesús respondió:

—Bajaba un hombre de Jerusalén a Jericó, y cayó en manos de unos ladrones. Le quitaron la ropa, lo golpearon y se fueron, dejándolo medio muerto. Resulta que viajaba por el mismo camino un sacerdote quien, al verlo, se desvió y siguió de largo. Así también llegó a aquel lugar un levita y, al verlo, se desvió y siguió de largo. Pero un samaritano que iba de viaje llegó a donde estaba el hombre y, viéndolo, se compadeció de él. Se acercó, le curó las heridas con vino y aceite, y se las vendó. Luego lo montó sobre su propia cabalgadura, lo llevó a un alojamiento y lo cuidó. Al día siguiente, sacó dos monedas de plata y se las dio al dueño del alojamiento. "Cuídemelo —le dijo—, y lo que gaste usted de más, se lo pagaré cuando yo vuelva". ¿Cuál de estos tres piensas que demostró ser el prójimo del que cayó en manos de los ladrones?

—El que se compadeció de él —contestó el experto en la ley.

—Anda entonces y haz tú lo mismo —concluyó Jesús.

Mientras reflexiono sobre esta lectura, me tomo un minuto para anotar:

Te amo, Dios. Estoy aquí acostado en este saco de dormir antes de comenzar este día maravillado

*totalmente por tu amor hacia mí. No entiendo el
misterio de tu amor por mí, pero te lo agradezco.
Quiero amarte con todo mi corazón, mi alma, mi mente
y mis fuerzas, y quiero amar a otros como
tú me has pedido. Por favor, enséñame lo que
eso significa.*

Para este entonces, puedo oír que todos están levantados, ¡una estridencia de crujidos! Sé que pronto servirán el desayuno, así que salgo de la cama y dejo Lucas 11 para leerlo después. Junto con todos los demás, enrollo mi saco de dormir y guardo todo en mi mochila, luego voy hasta la casa de té para servirme té, pan y un *omelette*.

Esta mañana está nevando y nos sentamos a la mesa del desayuno con nuestros abrigos, guantes y gorros. Se nota que realmente disfrutamos de esa noche cálida y no estábamos listos para levantarnos y volver a adentrarnos en el frío. Mientras conversamos un poco, tiritando y medio atontados, vemos nuestro aliento como nubes blancas en el aire. Cuando alguien sirve té masala en una taza, el vapor de los termos sale como humo. Todos tenemos ambas manos en las tazas calientes mientras tomamos el té a sorbos y comemos.

Mientras terminamos de desayunar, Aaron nos explica lo que haremos hoy.

—La caminata de hoy será larga a través de una región llamada Gasa y no podremos detenernos para almorzar. Asegúrense de tomar mucha agua y de tener algunos bocadillos o barras a mano para comer por el camino.

Cada uno revisa su mochila para tomar lo que Aaron nos recomienda.

—Ah, y tengan mucho cuidado donde pisan hoy —nos advierte Aaron—. Algunos senderos van a ser muy angostos y empinados.

Con eso, nos dice que es hora de irnos. Cargamos las mochilas y salimos hacia el sendero cubierto por la nieve.

Un problema del corazón

Al poco tiempo de comenzar a caminar, ya no podemos ir juntos y conversar porque el sendero es muy estrecho. De todos modos, no hemos estado muy parlanchines esta mañana, así que estamos bien teniendo un tiempo a solas con nuestros pensamientos. Además, la nieve hace que el camino sea resbaladizo y debemos concentrarnos más en cada paso que damos.

Mientras camino, vuelvo a pensar en lo que leí en Lucas 10. Ese maestro de la ley judía hizo una muy buena pregunta: "¿Qué tengo que hacer para heredar la vida eterna?". Mientras pienso en todo lo que he visto en este viaje, me doy cuenta de que esa es la pregunta más importante de todas. Entre enfermedades evitables y brotes de cólera, entre funerales celestiales y piras funerarias, no puedo pensar en una pregunta más importante para mi vida y la de cada una de las personas en estas montañas.

Pienso en lo fácil que es distraerse con preguntas mucho más triviales. *¿Cuáles son las noticias? ¿Cuál es la última moda? ¿Quién dice qué en Facebook, Twitter o Instagram? ¿Cómo va mi fondo de inversión 401(k)? ¿Cómo está mi equipo favorito este año?* Mis experiencias aquí me hacen poner esas preguntas en otra perspectiva.

Jesús le responde a los maestros con una pregunta. ¡Odio cuando alguien me lo hace a mí! Jesús es un experto en esto, particularmente con los líderes religiosos, y siempre lo hace por una razón. El hombre respondió correctamente, básicamente citando lo que Jesús había dicho que está en los primeros dos grandes mandamientos: ama a Dios y ama a otros. Y Jesús lo afirma. Según Él, la vida eterna se encuentra amando a Dios con todo tu corazón y amando a tu prójimo como a ti mismo.

Como escribí en el diario, quiero amar a Dios con todo mi corazón y su amor hacia mí me sorprende. Pero ¿qué hay de esa segunda frase? "Ama a tu prójimo como a ti mismo". Otra vez, pienso en todo lo que vi en estos últimos días y me pregunto qué significa realmente. ¿Cómo se vería esa clase de amor aquí? ¿Cómo sería para mí amar a estas personas como a mí mismo? Pienso que si realmente lo estuviera haciendo, no estaría caminando como lo hago ahora.

Si amara a Kamal como a mí mismo, creo que personalmente lo hubiera acompañado montaña abajo, hasta la clínica, para ayudarlo a conseguir el tratamiento para su ojo.

Si hubieran vendido a mi hija de ocho años como esclava sexual, haría lo que estuviera en mi poder ahora mismo para bajar de la montaña y encontrarla. Por eso, si amara a estas familias como me amo a mí mismo, ¿por qué no estoy bajando la montaña y corriendo para ayudarlos a encontrar a sus hijas?

Si amara a esa niña hambrienta de la aldea como a mí mismo, seguramente le hubiera dado toda la comida que tenía en la mochila.

Si amara a esa familia que nos dio té de mantequilla en su casa, seguiría allí, hablando con ellos sobre el amor de Jesús que hace posible la vida eterna y no depende de encender velas o quemar incienso, sino de confiar en la obra de Jesús en la cruz para todos.

Si amara a esas personas que estaban en duelo en las piras funerarias, me hubiera quedado allí y hubiera aprovechado cada momento para decirles que Jesús conquistó la muerte y les da vida eterna. Les hubiera preguntado si conocían a alguien que estuviera en su lecho de muerte en alguna aldea cercana para poder ir y compartir las buenas noticias con ese alguien antes de que su cuerpo llegara a la pira.

¿Cómo amo a mi prójimo como a mí mismo en escenarios como este? En un mundo como este, ¿cómo podemos amar a nuestro prójimo como a nosotros mismos?

Sin embargo, cuando comienzo a hacer esa pregunta, descubro que estoy intentando justificarme por no haber hecho ninguna de las cosas anteriores. Comienzo a poner excusas y decir por qué hacer esto o aquello no hubiera sido sensato por tal o cual razón. Y de repente, en medio de mi búsqueda de autojustificación, me doy cuenta de que en esta historia soy como el maestro de la ley. En Lucas 10:29, veo un espejo de mi propio corazón en un hombre que "quería justificarse, así que le preguntó a Jesús: —¿Y quién es mi prójimo?".

Este hombre quería que le aclararan quién era su prójimo para poder saber si estaba haciendo lo suficiente para obtener la vida eterna, y esa es la clave de la historia que Jesús le comienza a relatar.

El camino de Jerusalén a Jericó es una ruta empinada bajando una colina de diecisiete millas (unos veintisiete kilómetros) con todo tipo de cuevas, rocas y grietas. Mientras pienso en él, veo que no es tan diferente al sendero en el que estoy ahora (aunque desearía estar caminando en bajada, y no en subida en estos caminos tan empinados). Aparentemente, era común que los criminales se escondieran en esas cuevas, y en la parábola de Jesús unos ladrones atacan a un hombre. Le quitan su ropa, lo golpean fuertemente y lo dejan casi muerto.

Al rato, pasa un sacerdote que sabía lo que la ley de Dios decía si encontrabas a un extranjero en necesidad: haces lo que haga falta para suplirla (Levítico 19:34). Mientras me imagino esta historia, pienso: "Él es exactamente quien este hombre necesitaba a su lado". Sin embargo, Jesús dice que el sacerdote lo ve, se desvía y sigue de largo. Literalmente, el lenguaje en esta historia describe al sacerdote mirando al hombre y corriendo en dirección contraria. "Casi como yo hace unos días".

Sin embargo, gracias a Dios, el hombre tiene una segunda oportunidad de recibir ayuda de parte de un levita, que es como un asistente del sacerdote. Pero Jesús utiliza las mismas palabras para describir cómo el levita se desvió y siguió de largo. La ironía es clara: los dos líderes del pueblo de Dios que tenían la función de ayudar al necesitado están ignorándolo. Hay una gran tensión en esta historia, ¿quién amará a este hombre que está muriendo?

Ahí es cuando Jesús agrega el giro inesperado: "un samaritano", un extranjero al que odiaban, un mestizo que los judíos creían que había contaminado el linaje del pueblo de Dios. Cuando los líderes judíos querían desacreditar y ofender a Jesús, lo llamaban samaritano. Así que tan pronto como Jesús lo menciona, puedes sentir cómo hierve la sangre del maestro de la ley.

La historia continúa y dice que el samaritano se detiene, le brinda lo que necesita, lava sus heridas y lo lleva a un alojamiento cercano donde paga para que lo cuiden mientras se recupera. Al final de la historia, Jesús transforma la pregunta completamente. Ahora la pregunta ya no es "¿a quién tengo que amar?", sino "¿quién es el que ama?".

En su respuesta, el maestro de la ley ni siquiera se anima a decir "samaritano" y simplemente dice "el que mostró misericordia". Jesús le dice: "Ve y haz tú lo mismo". Y así, con una pequeña historia, Jesús deja atónito a este hombre de la élite religiosa al darse cuenta de que lo que dice la ley cuando habla de amor es algo mucho más profundo que un conocimiento religioso y una responsabilidad. El tipo de amor que provoca la ley de Dios es mucho más grande, más arriesgado, más costoso y más incómodo de lo que el maestro se había imaginado.

Mientras camino por la nieve que cae en el sendero estrecho, entiendo de una forma nueva lo asombroso de esta historia. No solo es una historia sobre ayudar sin prejuzgar a la gente necesitada. Si ese hubiera sido el caso, Jesús podría haber descrito a un judío como el maestro que viene por el camino y ve a un samaritano en necesidad. Y, aunque el judío tuviera muchos prejuicios, se detendría y se ocuparía de él de todos modos. Más bien, el significado de esta historia sería claro: preocúpate por las personas en necesidad, sin importar tus prejuicios.

Sin embargo, esa no es la historia que relata Jesús. Él deliberadamente sumerge al maestro en una narrativa sinuosa que muestra las fallas de la élite religiosa (es decir, el sacerdote y el levita) para vivir de acuerdo a la ley de Dios. Luego agrega a la historia a un samaritano para exponer el odio y los prejuicios que este maestro tenía en su corazón para con ese pueblo. En el proceso, Jesús deja clara la cuestión: este maestro necesita un nuevo corazón, como todos nosotros. Hay una clase de amor por Dios y por los demás que no es producto solo del conocimiento religioso.

Mientras pienso en esto, le encuentro sentido. Imagino cómo la conversación entre Jesús y el maestro podría haber sido totalmente diferente desde el principio. Recuerda, él dijo: "Ama al Señor tu Dios con todo tu corazón, con todo tu ser, con todas tus fuerzas y con toda tu mente" y "Ama a tu prójimo como a ti mismo". Y Jesús respondió: "Haz esto y vivirás". Pero qué hubiera sucedido si el hombre, en ese momento, no deseara "justificarse" al preguntar "¿quién es mi prójimo?". Qué hubiera sucedido si en lugar de eso el hombre deseara "humillarse" y decir "Jesús, no puedo hacerlo. No puedo amar a Dios perfectamente y no puedo amar a otros desinteresadamente. Necesito ayuda para amar así". La conversación hubiera sido totalmente diferente, ¿no crees?

Y ahí es donde me encuentro ahora. Entre estos escenarios y frente a esta historia, me encuentro cara a cara con ese amor egoísta que tengo en mi corazón. En todas mis enseñanzas y responsabilidades religiosas veo que ignorar una necesidad y no hacer nada al respecto es fácil y a la vez peligroso. Necesito que Dios cambie eso en mí.

Cambiar lágrimas por estrategias

"Entonces, ¿qué hago?", me pregunto. En ese momento, llegamos a un claro y veo que Aaron está adelante. Aligero mi paso para alcanzarlo y decirle:

—¿Puedo hacerte una pregunta?

—Por supuesto.

Y me lanzo.

—En el primer día de este viaje, en la casa de té que visitamos, justo después de bajar del helicóptero, nos dijiste que viniste a esta región por primera vez hace veinte años con tus compañeros de la universidad. Dijiste que tenían planeado ir de excursión por algunas semanas, pero en el lugar donde pararon la primera noche te encontraste con algo que no te dejó dormir. Dijiste que lloraste toda la noche y luego empacaste tus cosas y regresaste.

Él asiente y le pregunto:

—¿Qué fue lo que encontraste? ¿Qué fue lo que te hizo descender de la montaña?

Aaron sonríe y luego su expresión se torna seria.

—Conocí a un traficante —dice. Luego de una pausa larga, continúa—. Mis amigos y yo estábamos cenando en una parada y hablando con un hombre que se notaba que pasaba mucho tiempo aquí arriba. Él comenzó a presumir de todas las niñas que había conocido aquí arriba. Nos contó cómo las sacaba de su condición de pobreza y las llevaba a la ciudad a trabajar. Nos explicó cómo las niñas se ganaban la vida mientras que los hombres como él obtenían placer.

De los ojos de Aarón brotan lágrimas mientras habla de esto, ahora su voz tiembla:

—La forma en que este hombre hablaba de esas niñas era desesperante. Él las veía solo como objetos para usar y abusar a merced de él y tantos otros.

»Tan pronto como el hombre dejó de hablar, dijo que se tenía que ir, así que se levantó de la mesa y se fue. Mientras lo veía irse, me quedé allí sentado anonadado. Por unos momentos, los muchachos que estaban conmigo hablaron de las cosas horribles que había dicho este hombre, pero al rato ya estaban hablando de lo mucho que deseaban irse a dormir y volver a salir de excursión a la mañana siguiente.

Aaron vuelve a hacer una pausa, es obvio que está reviviendo el momento y está conmovido.

—Pero yo no pude sacarme de la mente lo que ese hombre había dicho. Estaba totalmente paralizado. No podía creer lo que acababa de oír y no podía dejar de pensar en eso. No podía dejar de pensar en esas pequeñas.

Las lágrimas resbalan por la cara de Aaron cuando dice:

—Esa noche me acosté y me quedé allí llorando toda la noche. Luego me levanté por la mañana y supe que no podía continuar como si nada hubiera sucedido. Les dije a mis amigos que continuaran sin mí. Regresé por el sendero y, desde ese entonces, durante los últimos veinte años, he trabajado para convertir esas lágrimas en estrategias para que estas personas conozcan la gracia de Dios

Mientras caminamos juntos, no sé qué decirle a Aaron en respuesta a su historia. Él se da cuenta de mi lucha interna y me dice:

—Tu pregunta es buena, pero un poco equivocada. Me preguntaste qué fue lo que me hizo regresar esa mañana, pero la pregunta no es "qué", sino "quién". David, Dios trabajó en mi corazón esa noche y fue quien hizo que regresara. Dios puso en mí un gran amor por estas personas y un deseo de demostrarles su amor con mi vida de todas las formas posibles. Ese es el motivo por el que estoy aquí ahora.

En ese momento, el camino se vuelve estrecho otra vez y Aaron se coloca delante de mí.

—Nos estamos dirigiendo hacia un sendero empinado sobre la ladera —dice—. Tómate tu tiempo y ten cuidado.

Mientras comenzamos a caminar por la pendiente, no se me escapa la ironía. Al escuchar la historia de Aaron a la luz de la historia de Lucas 10, me doy cuenta de que Dios me está llamando a nuevos niveles de amor hacia Él y hacia otros. A una clase de amor que va más allá de mis creencias o responsabilidades religiosas. Un amor que solo Dios puede dar. Un amor que te hace cambiar cualquier plan que tengas para tu vida, tu familia o tu futuro. Un amor costoso e incómodo que no se contenta ni se complace en evitar las necesidades de los que te rodean.

Mientras escalo este sendero con mucho cuidado, pienso: "Esta es la clase de amor que deseo que marque mi vida".

Cimas falsas

Aaron tiene razón sobre el sendero. Es muy empinado y, en poco tiempo, siento mis muslos y pantorrillas en llamas. La tensión de los músculos se agrava con el esfuerzo pulmonar. Cuando me recomendaban que entrenara para este viaje, algunos me aconsejaron escalar con un cubrebocas para simular la dificultad respiratoria en estas alturas con oxígeno reducido. Otros me recomendaban escalar respirando solo por un popote. Ambos métodos de entrenamiento me resultaron ridículos, así que ignoré esas recomendaciones.

Eso significa que, en especial en este sendero, me encuentro (junto con los otros que tampoco se habían preparado tanto) haciendo una pausa cada diez pasos para disfrutar del paisaje (es decir, recuperar el aire). No hace falta decir que caminar más de mil quinientos pies (unos quinientos metros) por la ladera de una montaña, avanzando solo diez pasos cada vez, brinda muchas oportunidades para disfrutar del paisaje.

Este sendero no solo es empinado, es engañoso. Mientras miro hacia adelante, veo lo que parece la cima de la montaña. Aparece a lo lejos, pero me convenzo a mí mismo de que voy a llegar. Muy despacio, metódicamente, comienzo a subir, diez pasos cada vez. Las últimas series de diez son las más difíciles, pero persevero, sabiendo que ya casi llego. Encuentro la voluntad para seguir porque sé que estoy llegando al final. "Solo quedan veinte pasos. Luego, solo diez". Hasta que por fin doy ese último paso y estoy listo para descansar en la cima de la montaña, pero me doy cuenta de que no he llegado a la cima. De hecho, ni siquiera estoy cerca. ¡Una cima falsa! La montaña es mucho más alta de lo que imaginaba y todavía me queda un cuarto del camino por recorrer.

Este es un momento triste en la excursión y, cuando sucede, todos deciden que necesitan una estrategia mental para recorrer el camino que falta. Personalmente, puedo ver la cima de la montaña (o al menos lo que creo que es la cima) y decido que voy a dividir el camino en dos mitades. Iré tan duro como pueda la primera mitad y luego tomaré un descanso largo. Convencido de que mi plan va a funcionar, bebo un poco de agua y comienzo a escalar.

La primera mitad es muy dura, me toma más de una hora, y solo hago pequeñas pausas en todo el camino. Ya estoy listo para el descanso. Cuando me queda solo la mitad del camino para llegar a la cima, me detengo y encuentro una roca plana en la que me puedo sentar para tomar algunos bocadillos y mi botella de agua. Desde mi perspectiva visual, estoy rodeado de majestuosidad por todos lados.

Impertinencia

¿Hay un lugar en la tierra más maravilloso que este para pasar un tiempo a solas con Dios? Cuando la Biblia nos muestra a Jesús yendo a una montaña para orar solo, ahora pienso en este paisaje. Estoy sin aire y con las piernas débiles, no tengo apuro de ir a ningún lado en este momento, así que decido tomar mi Biblia y mi diario, y leo la primera parte de Lucas 11.

Lucas 11:1-13:

Un día estaba Jesús orando en cierto lugar. Cuando terminó, le dijo uno de sus discípulos:

—Señor, enséñanos a orar, así como Juan enseñó a sus discípulos.

Él les dijo:

—Cuando oren, digan:

»"Padre,

santificado sea tu nombre.

Venga tu reino.

Danos cada día nuestro pan cotidiano.

Perdónanos nuestros pecados,

porque también nosotros perdonamos a todos los que nos ofenden.

Y no nos metas en tentación".

»Supongamos —continuó— que uno de ustedes tiene un amigo, y a medianoche va y le dice: "Amigo, préstame tres panes, pues se me ha presentado un amigo recién llegado de viaje, y no tengo nada que ofrecerle". Y el que está adentro le contesta: "No me molestes. Ya está cerrada la puerta, y mis hijos y yo estamos acostados. No puedo levantarme a darte nada". Les digo que, aunque no se levante a darle pan por ser amigo suyo, sí se levantará por su impertinencia y le dará cuanto necesite.

»Así que yo les digo: Pidan, y se les dará; busquen, y encontrarán; llamen, y se les abrirá la puerta. Porque todo el que pide recibe; el que busca encuentra; y al que llama, se le abre.

»¿Quién de ustedes que sea padre, si su hijo le pide un pescado, le dará en cambio una serpiente? ¿O, si le pide un huevo, le dará un escorpión? Pues, si ustedes, aun siendo malos, saben dar cosas buenas a sus hijos, ¡cuánto más el Padre celestial dará el Espíritu Santo a quienes se lo pidan!

Aquí sentado, contemplando todos estos picos a mi alrededor que tienen más de quince mil pies de altitud (cuatro mil quinientos metros), reflexiono sobre este pasaje, específicamente sobre la historia que hay en medio, y descubro algo nuevo.

El escenario es la Palestina del primer siglo, donde la gente horneaba el pan que necesitaba en el día y al otro día volvía a comenzar. Así que un hombre se aparece en la casa de su amigo y está hambriento. Pero, desafortunadamente, este amigo no tiene pan. La hospitalidad es muy importante, por eso el amigo tiene un problema. Por un lado, puede ser un mal anfitrión y no darle pan a su amigo o, por otro lado, puede salir a mitad de la noche e intentar conseguir algo de pan en alguna casa. Puede ser un mal anfitrión o un mal vecino. Luego de pensarlo, el hombre se decide por la opción número dos.

Su vecino y su familia ya están dormidos. Las casas en ese lugar tenían solo una habitación, lo que significa que dormían todos juntos. Puedo imaginar que han logrado dormir a los cuatro niños, luego mamá y papá se acuestan en silencio junto a ellos, sabiendo que cualquier ruido puede despertarlos a todos, incluido el pequeño que se ha dormido después de una hora.

Así que mientras este buen hombre está dormido en su casa con su familia, alguien llama a la puerta y desde fuera dice:

—Amigo. —Esa es una buena forma de comenzar cuando estás despertando a alguien a mitad de la noche, porque esta "amistad" es bastante frágil en este momento. Imagino a ese papá despertándose y mirando a ese niño de dos años que esta con los ojos abiertos de par en par. ¡Qué molesto! Así que el padre dice de la forma más educada posible:

—No me molestes. No me voy a levantar ni te voy a dar nada.

Luego Jesús dice que aunque el papá no quiere levantarse, como el hombre que está afuera es su amigo (lo que está en duda por el momento), él se levantará porque su amigo es descarado, muy impertinente, o tal vez, de forma más coloquial, es un pesado.

Ahora, lo interesante acerca de las parábolas es que las leemos y pensamos: "De acuerdo, alguien en esta parábola soy yo y alguien es Dios". Así que los discípulos están pensando: "Creo que tú y yo somos como el hombre que llama a la puerta, pero ¿quién es Dios? ¿Es el hombre malhumorado que grita desde la casa «No me molestes»?".

¿Qué nos enseña Lucas 11 acerca de la oración? Si quieres algo de Dios, sigue llamando a la puerta y pidiéndoselo. En algún momento, Él se molestará tanto que se levantará y hará algo por ti, no porque te ama, sino porque has sido insistente. ¿Oramos?

No creo que ese sea el punto de esta historia. Creo que encontramos el mensaje en la palabra "impertinente". Jesús propone esta historia en el contexto de una pregunta. Él imagina a un hombre tan impertinente que va a la casa de su amigo a medianoche solo por un trozo de pan. Jesús nos muestra la imagen de un hombre descarado que no sabe qué líneas sociales se pueden cruzar y cuáles no. ¿Conoces a personas así? ¿Eres una? (Si lo eres, ¡tal vez no lo sepas!). Este hombre de la historia no entiende que uno no puede despertar a un amigo y a toda su familia a mitad de la noche a menos que haya una muy buena razón. Pero él es tan descarado, tan impertinente, tan molesto que piensa: "Sé que mi vecino tiene lo que mi amigo necesita, así que voy a pedírselo", y así, dice Jesús, es como debemos orar.

Mientras estoy aquí sentado en esta cordillera leyendo esta historia, el milagro de la oración me sorprende de una forma totalmente nueva. Aquí estoy, observando la gloria de Dios desplegada en la creación que me rodea y me doy cuenta de que para mí resulta algo impertinente una persona, de las 7.2 mil millones que hay en el planeta, que se acerca al único y verdadero Dios y creador de todo, y le dice: "Sé que en este momento tienes mucho de qué ocuparte en el universo, pero necesito que me escuches. Hay algunas cosas que necesito preguntarte y necesito tu atención".

¿No es impertinente? ¿Atrevido? ¿Descarado? Sin embargo, en esta parábola Jesús dice: "Sé tan impertinente, atrevido y descarado como quieras".

De hecho, Dios nos ha invitado a ti y a mí a acercarnos a Él en cualquier momento, con lo que sea, particularmente (según esta historia) en nombre de los que tienen necesidad. Y allí, en la ladera de esta montaña, tomo mi diario y comienzo a escribir algunas oraciones impertinentes y atrevidas.

Oh, Dios, tú ves la necesidad que tienen estas aldeas, ves lo que necesitan estas personas en su vida. Tú ves el rostro de Kamal que se desmorona, el sufrimiento de Sijan y Amir, el dolor de Nabin. Tú ves a esas niñas que son vendidas, tú sabes dónde está cada una en este momento y lo que tienen que hacer obligadas por hombres malvados. Tú ves a esa niña que intentó escupirme, a esos monjes realizando funerales celestiales con los cadáveres, a la gente que muere y la llevan al río para quemarla. ¡Tú ves lo que sucede cuando van al infierno! Oh, Dios, ¡tú ves todo esto!

Por eso ahora estoy llamando a tu puerta, y rogando, oh, Dios, te suplico que les des tu misericordia, muestra tu poder sanador. Por favor, oh, Dios, ¡dales sustento en medio del sufrimiento y paz en medio del dolor! Por favor, provee a los pobres

y ¡sálvalos del sufrimiento eterno! Oh, Dios,
tú tienes la capacidad y la autoridad para hacer
todas estas cosas y te pido, te ruego, que respondas
esta oración.

Mientras oro y ruego a mitad de mi aventura en esta montaña, caigo de rodillas y siento una impertinencia más profunda en mi oración ante Dios. Creo que es humilde y sincera, más sincera que cualquier oración que haya hecho en mucho tiempo. Creo en lo que estoy orando y creo que el Dios que formó estos valles y montañas me está escuchando.

Tomando nuevamente mi diario, escribo:

Oh, Dios, por favor, glorifícate en estas montañas, que
tu nombre sea santificado en todas estas aldeas y
estos valles. Así es como me has dicho que ore y así lo
hago. ¡Te ruego que respondas esta oración por amor a
tu nombre! Por favor, que tu nombre sea conocido aquí
como grande, glorioso y lleno de gracia. Que venga tu
reino, ¡que reinen tu justicia,
tu misericordia y tu rectitud!

Lucecitas

De rodillas, me sorprendo al darme cuenta de que Sigs está conmigo en este lugar plano. Está respirando con dificultad, pero tiene una sonrisa en el rostro.

—Este es un buen lugar para detenerse —le digo mientras me levanto, pensando en el tiempo que tuve con Dios—. También puedes tomar muy buenas fotos desde aquí. Te dejaré esta roca. —Tomo mi mochila, la deslizo hasta mi espalda y digo—: Nos vemos en la cima.

—Sin duda —responde aún recuperando el aliento y tomando su botella de agua—. Tal vez hasta me adelante, no estaré aquí mucho tiempo.

—Sí, claro —respondo. Ambos sonreímos porque sabe lo competitivo que soy. Con esta ventaja, no dejaré que me alcance de ninguna manera.

Comienzo a escalar la última mitad del camino en la montaña. Animado por el descanso, encuentro un nuevo impulso. Ahora puedo dar cerca de veinte pasos seguidos y pasa casi otra hora hasta que finalmente llego a la cima. Aaron está esperando (ha estado allí un rato) y ya encontró una casa de té en una aldea en medio de varios valles.

—Aquí pasaremos la noche —dice—, y estamos bien con el tiempo.

—¿A qué te refieres?

—La única iglesia que existe en estas aldeas se reúne aquí esta noche y parece que podremos adorar junto a ellos. ¿Podrías animarnos con un mensaje de la Palabra?

—¡Me encantaría!

—Perfecto—dice Aaron—. Por ahora, vayan, lleven sus mochilas a una habitación y descansen un poco. Cenaremos en una hora. Luego, cuando oscurezca, la iglesia se reunirá justo cruzando el camino.

¡No puedo esperar! Durante varios días no hemos conocido a nadie que haya escuchado de Jesús, así que estoy impaciente por reunirme con personas que no solo han escuchado de Él, sino que lo conocen.

Encuentro una habitación, dejo mis cosas, tomo el saco de dormir y me meto en él para abrigarme un poco. Abro la Biblia para finalizar Lucas 11 y luego pienso qué compartir esta noche. Sin embargo, antes de decidirlo, me quedo dormido y lo próximo que oigo es a Chris golpeando mi saco.

—¡Levántate! Es hora de cenar.

Nos reunimos en la casa de té para comer un poco de pan y sopa de lentejas. Luego de comer, Aaron nos invita a salir. Afuera es una boca de lobo y el panorama de las estrellas es asombroso. Pero él no nos trajo aquí para ver las luces del cielo. Señala un valle donde podemos ver unas lucecitas que suben la montaña hacia donde estamos nosotros.

—¿Ven esas luces? —pregunta. Asentimos y él nos dice—: Esos son miembros de la iglesia. ¿Recuerdan lo agotador que fue subir hasta aquí hoy? Ese es el camino que ellos hacen para llegar a la iglesia.

Humillado, veo esas lucecitas a la distancia que se mueven despacio subiendo por el sendero. Recuerdo que la gente en nuestra cultura se estresa porque tiene un viaje en auto de quince minutos o más. ¿Qué me dicen de una excursión de dos horas para subir una montaña por un camino angosto en el frío, seguido por dos horas del mismo camino para regresar en la oscuridad total de la noche cuando termina el servicio?

¡Es esto!

La iglesia se reúne en una casa a unos cinco minutos de donde nos alojamos. Sin duda, es una "iglesia casera". Imagínate un lugar en una casa de los Estados Unidos que tiene el tamaño de una habitación o una sala de estar pequeña. En un rincón hay una cama (otra vez, imaginen una plataforma elevada de madera con un colchón delgado arriba), un par de estantes contra la pared y un área pequeña en el otro rincón para cocinar. Una bombilla de luz cuelga en medio de la habitación.

Cuando llegamos, la dueña de la casa nos saluda con una cálida sonrisa. Nos indica que nos sentemos en los asientos de honor (en la cama o junto a ella). Enseguida llegan los otros y nos quedamos sorprendidos al ver quiénes habían escalado esa montaña para venir a la iglesia. No eran solo los jóvenes y fuertes. Había de todas las edades, desde bebés hasta abuelos.

Uno a uno comenzaron a apiñarse, sí, esa es la palabra correcta. Cuando llegan todos, cuento más de cincuenta personas sentadas en el piso, en la cama y unos encima de otros. Están sentados en la posición más incómoda con una sonrisa en el rostro y están así por dos horas mientras cantan, aplauden, oran y escuchan con atención mientras les comparto las Escrituras.

Un rato antes, cuando oré para saber cómo alentar a esta iglesia, pensé en quiénes eran: hombres y mujeres que viven es un ambiente muy difícil, pobres, luchando cada día por las necesidades más básicas de comida, agua y medicamentos, y perseguidos por su fe.

Antes de la reunión, el pastor de la iglesia me había contado que sus padres no cristianos habían muerto cuando él tenía apenas quince años. Unos años después, alguien le habló del evangelio por primera vez. Él creyó en Jesús y se bautizó, pero tan pronto lo hizo, el resto de su familia lo abandonó. Sus hermanos le dijeron que no regresara nunca y perdió la herencia que sus padres le habían dejado.

Sin embargo, este pastor y su gente creen que Jesús lo vale.

—Por Jesús vale la pena perder a tu familia —me dijo el pastor. Y citó Marcos 10:29-30 que dice: "Les aseguro —respondió Jesús— que todo el que por mi causa y la del evangelio haya dejado casa, hermanos, hermanas, madre, padre, hijos o terrenos recibirá cien veces más ahora en este tiempo (casas, hermanos, hermanas, madres, hijos y terrenos, aunque con persecuciones); y en la edad venidera, la vida eterna".

En este momento, no se me ocurre qué decir. *¿Quién soy yo para decirles algo?* Me pregunto. Sí, fui a un seminario, escribí libros, pastoreé iglesias y lideré ministerios, pero comparado con estos hermanos y hermanas, no tengo idea del costo de seguir a Cristo. Comparado con ellos, no tengo idea de lo que es depender y confiar en Cristo para todo lo que necesito. No tengo idea de lo que es arriesgarse para que su amor sea conocido.

Sin embargo, confiando en que la Palabra de Dios es suficiente para alentarlos, leo Nehemías 8 y Timoteo 4 y los exhorto a aferrarse a la Palabra de Dios, incluso cuando es difícil. Ellos asentían con la cabeza mientras Nabin traducía. Espero que estén confortados.

Sin embargo, no es hasta que termino que me siento más animado. Luego de nuestro momento en la Palabra de Dios, comienzan a contarse sus necesidades unos a otros. Una señora mayor, desde un rincón, cuenta el problema físico que estaba atravesando y una mujer desde el otro lado de la habitación se ofrece a ayudar a cuidarla. Un joven dice que lo estaba acosando una persona con la que hace poco había compartido el evangelio, y lo amenaza con hacerle daño a su familia. En respuesta, un hombre mayor cuenta que le había sucedido lo mismo y le da pie al pastor para alentarlos a ambos con sus propias experiencias de persecución. Eso lleva a una pareja a contar que habían compartido el evangelio con otra familia y que habían creído en Jesús, y ahora estaban pensando en comenzar una nueva iglesia en el hogar de esa familia en una aldea cercana.

Mientras observo lo que sucede y escucho estas conversaciones entre hermanos y hermanas en la familia de Dios, me siento conmovido: ¡Es esto! ¡Esto es lo que más necesitan estas aldeas y su gente! Necesitan el evangelio. Sin duda, necesitan oír las buenas noticias de la gracia de Dios que les da vida eterna. Pero también necesitan más que eso. Necesitan una comunidad, la clase de comunidad que escala dos horas, no solo para adorar juntos, sino para cuidarse y alentarse unos a otros; una que se responsabilice de las necesidades físicas del otro. Necesitan hermanos y hermanas que, como leemos en Marcos 10, se provean unos a otros como familia y se amen como a sí mismos (Lucas 10). Estas aldeas necesitan una comunidad de hombres y mujeres que se arriesguen de verdad para compartir la mejor noticia del mundo con personas que nunca han oído de ella.

En otras palabras, estas aldeas y su gente necesitan a la Iglesia. La Iglesia que Dios diseñó. Un pueblo aferrado a la Palabra de Dios y sacrificándose desinteresadamente para compartir y mostrar el amor de Dios en medio de las necesidades de su mundo.

¡Esta clase de Iglesia puede cambiar el mundo!

Me sorprende lo simple que es cuando lo piensas. No fácil, simple. Esta Iglesia tiene tan poco de lo que tenemos tú y yo en las Iglesias de nuestra cultura. No tienen un edificio bonito, no tienen una gran banda, no tienen un predicador carismático, no tienen programas, solo se tienen entre sí, con la Palabra de Dios frente a ellos y el Espíritu de Dios en medio ellos. Y, aparentemente, eso es suficiente.

Me pregunto si eso sería suficiente para nosotros, si sería suficiente para mí. ¿Estaríamos contentos con pertenecer a una comunidad que simplemente está comprometida a buscar a Dios, amarse unos a otros y compartir las buenas noticias del amor de Dios con el mundo que nos rodea, sin importar el costo? ¿No es esa la esencia de la Iglesia según el plan de Dios?

Mientras estoy aquí sentado en medio de esta familia de hermanos y hermanas, en esta ladera lejana, no puedo evitar pensar lo fácil que es quedar atrapado en cosas superficiales de la Iglesia y perder la esencia de lo que Dios nos ha llamado a ser y a hacer. Pienso en lo que leí en Lucas 11 hoy antes de la cena. Ahí, Jesús confronta a los líderes del pueblo de Dios porque estaban perdiendo el plan de Dios para su comunidad. Un versículo en particular dice: "¡Ay de ustedes, fariseos!, que dan la décima parte de la menta, de la ruda y de toda clase de legumbres, pero descuidan la justicia y el amor de Dios. Debían haber practicado esto, sin dejar de hacer aquello" (Lucas 11:42).

Jesús acusa a los líderes religiosos de estar tan enfocados en las cosas pequeñas, como sus tradiciones (que no eran todas malas), que olvidaron las cosas más importantes de la Palabra de Dios, especialmente difundir el amor y la justicia de Dios en el mundo. Me pregunto si les haría las mismas acusaciones a los líderes de la Iglesia de hoy, como yo, y a la cultura de la Iglesia de la que somos parte. ¿No es muy fácil para nosotros enfocarnos en las cosas pequeñas de la Iglesia, como nuestras tradiciones (que no son todas malas), y olvidarnos de lo más importante, especialmente de trabajar por la justicia entre los oprimidos y amar a los necesitados como a nosotros mismos?

Teniendo en cuenta todos los rostros de las necesidades físicas y espirituales que he visto solo en los últimos días, deseo ser parte de una Iglesia como esta. Quiero ser parte de una comunidad que esté comprometida con las cosas más importantes: ocuparse del herido con compasión y difundir el amor de Dios con valentía a los que no tienen esperanza. Quiero ser parte de un pueblo que se aferre a la Palabra de Dios y se sacrifique desinteresadamente para compartir y mostrar el amor de Dios en medio de las necesidades urgentes de nuestro mundo. Quiero ser parte de la Iglesia que Dios diseñó, la clase de Iglesia que puede cambiar el mundo.

Al final de la reunión, mientras pienso en todo esto, el pastor me pide que ore por esta iglesia. Por supuesto, me siento honrado, pero también humillado, porque sé que soy el que más tiene que aprender en esta habitación.

Así que oro, atrevidamente:

Dios, por favor, demuestra tu poder en nombre de estos hermanos y hermanas. Te pido que de verdad suplas todas sus necesidades, que los ayudes a aferrarse a tu Palabra en medio de la oposición y que los ayudes a difundir tu amor por las aldeas de estas montañas en medio de la persecución. Dios, te pido que nos ayudes a los que estamos de visita esta noche y a las Iglesias de las que somos parte en nuestras ciudades a unirnos con nuestros hermanos y hermanas de este lugar para ser la Iglesia que tú creaste y la que nos has llamado a ser. En el nombre de Jesús, Amén.

REFLEXIONES

¿Qué aspecto se vería distinto en tu vida si amaras a las personas necesitadas tanto como te amas a ti mismo? ¿De qué forma justificas el hecho de no amar a las personas con necesidades de esta manera?

_____

_____

_____

_____

¿En qué tareas pequeñas (algunas incluso buenas) tú y/o tu iglesia se enfocan que les impiden concentrarse en asuntos más importantes?

_____

_____

_____

_____

¿Qué oraciones atrevidas estás dispuesto a hacer?

_____

_____

_____

_____

Día 5. Enfermeros, maestros y expertos en excremento de trucha

Al que se le ha dado mucho

Por fin, ¡un cambio de ropa!

Animados y felices luego de la reunión con la iglesia la noche anterior, a la mañana siguiente decido que cuatro días son suficientes para una muda de ropa, así que es hora de cambiarla por otra. Confío en que el nuevo conjunto me servirá durante los últimos tres días. Además, Aaron anoche nos dijo que hoy caminaremos cuesta abajo casi todo el tiempo y el resto del camino seguiremos bajando, eso significa que habrá temperaturas más altas en los senderos. Incluso habrá momentos en lo que podremos usar manga corta, porque sudaremos mucho.

Me siento renovado para comenzar este día con mi nueva vestimenta y me recuesto en mi saco de dormir para leer Lucas 12. Mientras escribo, me llaman la atención dos parábolas en particular. Lucas 12:16-21:

Entonces les contó esta parábola:

—El terreno de un hombre rico le produjo una buena cosecha. Así que se puso a pensar: "¿Qué voy a hacer? No tengo dónde almacenar mi cosecha". Por fin dijo: "Ya sé lo que voy a hacer: derribaré mis graneros y construiré otros más grandes, donde pueda almacenar todo mi grano y mis bienes. Y diré: Alma mía, ya tienes bastantes cosas buenas guardadas para muchos años. Descansa, come, bebe y goza de la vida". Pero Dios le dijo: "¡Necio! Esta misma noche te van a reclamar la vida. ¿Y quién se quedará con lo que has acumulado?".

»Así le sucede al que acumula riquezas para sí mismo, en vez de ser rico delante de Dios.

Qué gran contraste hay entre el lugar donde estoy recostado ahora y donde vivo en casa. Estoy rodeado de una tierra estéril, que no es generosa. Cada día es una batalla por suplir las necesidades de uno. Nadie construye graneros más grandes para almacenar todos sus bienes adicionales. Nadie tiene cuentas de ahorro o fondos 401(k) de los que depender en momentos difíciles. Mientras tanto, a la estabilidad y el éxito en mi cultura los definen los graneros más grandes, las casas más grandes con capacidad para todas nuestras posesiones, las cuentas bancarias más grandes para asegurarnos de estar bien en cualquier circunstancia. De esta manera, nos podemos relajar y disfrutar todo lo que este mundo tiene para ofrecer.

Sin embargo, a los que viven así, Dios los llama necios. Dice que acumular posesiones y más placeres del mundo es la fórmula para desperdiciar la vida. Si de veras quieres ser rico, sé generoso con Dios y los demás. Esa es la forma más sabia de vivir.

Lucas 12:42-48:

Respondió el Señor:

—¿Dónde se halla un mayordomo fiel y prudente a quien su señor deja encargado de los siervos para repartirles la comida a su debido tiempo? Dichoso el siervo cuyo señor, al regresar, lo encuentra cumpliendo con su deber. Les aseguro que lo pondrá a cargo de todos sus bienes. Pero ¡qué tal si ese siervo se pone a pensar: "Mi señor tarda en volver", y luego comienza a golpear a los criados y a las criadas, y a comer y beber y emborracharse! El señor de ese siervo volverá el día en que el siervo menos lo espere y a la hora menos pensada. Entonces lo castigará severamente y le impondrá la condena que reciben los incrédulos.

»El siervo que conoce la voluntad de su señor, y no se prepara para cumplirla, recibirá muchos golpes. En cambio, el que no la conoce y hace algo que merezca castigo recibirá pocos golpes. A todo el que se le ha dado mucho, se le exigirá mucho; y al que se le ha confiado mucho, se le pedirá aún más.

Mientras leo este último versículo, me vuelve a sorprender lo mucho que se me ha dado. ¿Cómo puedo comenzar a describir la riqueza que Dios me ha confiado desde el día en que nací? Ni un solo día tuve que preocuparme por tener agua potable o por tener algo para comer. He tenido toda la ropa y el refugio que necesité. Nunca me faltaron los medicamentos cuando estuve enfermo y he tenido acceso a los niveles de educación más altos del mundo. Siempre que necesité algo, tuve ingresos suficientes para cubrir no solo mis necesidades, sino todo lo que quise. Además de todo esto, tuve una mamá y un papá, una familia y amigos que me han amado y se han preocupado por mí toda mi vida. Y, lo que es más importante, he conocido el evangelio y he tenido una relación con Dios desde que tengo memoria. Esta frase conocida que dice "al que se le ha dado mucho" sin duda puede ser una descripción de mi vida, y eso significa que el resultado es inevitable: "se le exigirá mucho".

Oh, Dios, ¿qué quieres que haga? ¿Qué quieres que haga mi familia? Haré lo que sea. Sin embargo, aun cuando digo esto, sé que soy propenso a priorizar mis propios deseos, a seguir mis propios planes y priorizar mis placeres. Oh, Dios, por favor, ayúdame a hacer lo que quieres que haga con todo lo que me has dado.

El camino de la izquierda

Luego del desayuno, nos colocamos las mochilas y comenzamos a descender esta montaña hacia una aldea que vemos en un valle distante en el distrito de Nujiang. Descender, si bien no es tan exigente para los músculos como ir cuesta arriba, causa una tensión mayor en las articulaciones. Con cada paso, puedes sentir la presión de la montaña en los tobillos y rodillas. También aumenta la posibilidad de resbalarse. Tal vez piensas que una piedra es estable para pararte sobre ella, pero a veces ese no es el caso y, antes de que lo sepas, caes al suelo de forma desagradable.

Cuando llegamos a una encrucijada en el camino y Nabin, quien dirige la caminata, nos dice que ambos caminos terminan en el mismo lugar unos cuantos metros montaña abajo, le pregunto:

—¿Cuál es más rápido?

—El de la izquierda.

En este momento llega Aaron y al escuchar el final de la conversación dice:

—Eso es lo que Nabin cree, pero creo que es más rápido el de la derecha.

—Aaron no sabe de lo que habla —responde Nabin con una sonrisa.

Bien, yo soy muy competitivo y sé que hay una oportunidad de competencia cuando la veo. Así que pregunto:

—¿Por qué no hacemos una carrera? Nabin y yo tomaremos el camino de la izquierda y ustedes pueden tomar el de la derecha. Veamos quién llega primero.

Aaron y Nabin sonríen y aceptan. Para mí es una de esas veces en las que organizo algo sin pensarlo bien. Me está costando bastante caminar cuesta abajo esta montaña, ¿y me ofrezco para jugar una carrera en el camino que queda? Me conozco muy bien como para saber que lo hice para ganar, lo que significa que no necesariamente tendré cuidado. Pero a estas alturas, ya me comprometí.

—En sus marcas, listos, fuera —dice Aaron para dar comienzo a la carrera.

Salimos. El equipo de Aaron gira rápidamente hacia la derecha, mientras que Nabin y yo corremos hacia la izquierda. Enseguida me doy cuenta de que Nabin ha hecho esto varias veces. Sabe dónde debe pisar y dónde no, así que intento copiar cada movimiento suyo. A medida que aumentamos la velocidad, aumenta mi ansiedad. Estamos corriendo cuesta abajo y no tengo idea de cómo nos vamos a detener.

Mi miedo se materializa cuando veo a Nabin frenar de repente tomando una rama para detenerse e intento hacer lo mismo lo mejor que puedo. En ese momento me doy cuenta de por qué frenó de golpe. Estamos parados encima de un pequeño barranco.

Luego entiendo que este barranco es el motivo por el que Nabin cree que este sendero es más rápido, porque la única forma de bajar es saltar y deslizarse por la pendiente empinada en la roca floja. Si hubiese sabido esto, con gusto me hubiera tragado mi orgullo y hubiera seguido a Aaron, pero ahora es muy tarde y no quiero perder.

—Estarás bien —dice Nabin, viendo mi evidente preocupación—. Solo haz lo que yo hago.

Nabin salta rápidamente y se desliza, manteniéndose sobre sus pies con facilidad. Yo lo copio. Digamos que no hice que pareciera fácil y no me mantuve de pie. Pero lo hice y eso es todo lo que importa.

—Vamos —dice Nabin—, ya casi llegamos.

Me levanto y corro detrás de él. En este momento, lo último que quiero es haber saltado un barranco en vano. ¡Ahora lo que importa es ganar!

Así que Nabin y yo corremos tan rápido como podemos la segunda mitad de este sendero. ¡Ahora soy un hombre incontenible! Haber saltado por un barranco me quitó todo el miedo que tenía. Antes de darnos cuenta, llegamos a un claro. No hay nadie más allí.

—Lo hicimos, les ganamos —dice Nabin con una sonrisa grande en el rostro.

Yo también me río. Pocos segundos después Aaron y Chris doblan la esquina, con Sigs y todas sus herramientas no mucho más atrás.

Es cuando Aaron me dice lo del barranco… y por qué siempre evita el camino izquierdo.

"Gracias".

Puesto de salud

Aunque desde la cima de la montaña podemos ver la aldea a la distancia, nos toma unas horas de caminata hasta llegar allá. Nos detenemos en el primer edificio al que llegamos y Aaron nos invita a entrar.

—Les quiero presentar a Maya —dice, mientras señala a una mujer de unos treinta años con un uniforme médico—. Maya creció en la capital. Terminó la secundaria y fue a la universidad a estudiar enfermería. Ahora se ha trasladado a esta aldea para brindar cuidados médicos.

Maya sonríe tímidamente.

Aaron nos explica que antes de que Maya llegara, no había servicios médicos disponibles en unas cuantas millas a la redonda. Si alguien se enfermaba a varias aldeas de distancia, la persona tenía que caminar varias millas cuesta abajo hasta la ciudad para obtener ayuda.

—Obviamente, eso requería que la persona estuviera lo suficientemente bien para hacer ese recorrido —dice Aaron—. Si no podía hacerlo, no podía obtener ayuda.

Cuando Maya estaba terminando sus estudios universitarios, Aaron le preguntó si estaba dispuesta a mudarse a esta aldea alejada para dirigir un puesto de salud que él estaba comenzando.

—Maya tenía muchas opciones —explica Aaron— y cualquier otra le hubiera dado más dinero y comodidad. Pero ella eligió venir aquí arriba.

Maya, sonrojada por la atención, dice suavemente:

—Solo quiero hacer lo que Dios quiere que haga con lo que Él me ha dado.

Escucharla decir eso, me recuerda a mi oración de esta mañana. Sus palabras son casi iguales a mi oración: "Ayúdame a hacer lo que quieres que haga con todo lo que me has dado".

Ahora me encuentro pensando: "¿Estaría dispuesto a hacer esto? Si estuviera en los zapatos de Maya, ¿hubiera venido aquí solo, sacrificando todo tipo de comodidad y oportunidad de crecer en una carrera, para servir a las personas en esta aldea remota y lejana?".

Me gustaría pensar que mi respuesta es sí, pero no estoy tan seguro.

—¿Les mostrarías el lugar? —Aaron le pide a Maya.

—Me encantaría —responde y comienza la visita. Son dos habitaciones, a una la llama la farmacia. En los estantes hay todo tipo de medicamentos que ella y Aaron han trabajado mucho por conseguir para los pacientes que lo necesiten. Entre estos hay vacunas básicas y remedios simples para enfermedades comunes—. Estamos intentando aumentar nuestro suministro —dice Maya—, porque cuantos más aldeanos ayudamos, más vienen desde áreas remotas a buscar medicamentos.

Luego Maya nos lleva a la sala de exploración donde ve a los pacientes. Hay una mesa simple de madera en medio de la habitación para que los pacientes se sienten o se recuesten. Al lado hay algunos elementos médicos. Y también hay un archivo donde se guardan los registros de los pacientes. Cuando nos habla de su trabajo, Maya irradia una gran alegría al contar los cambios que ha producido este lugar en la vida de muchas personas, no solo físicos, sino también espirituales.

—Hay muchas necesidades físicas —dice Maya—, pero sé que su mayor necesidad es espiritual.

Asiento mientras observo y escucho cómo esta dulce hermana en Cristo alivia completamente mis dudas acerca de compartir el evangelio y hacer un ministerio social. Maya nunca separa estas dos cosas. Por un lado, Maya sabe que la rodean necesidades físicas urgentes y se esfuerza día tras día sola en esta aldea para brindar salud física. Al mismo tiempo, Maya sabe que la mayor necesidad es mucho más profunda de lo que cualquier medicamento o tratamiento pueda dar, por eso está dispuesta a dejar su vida para proclamar el evangelio para que más personas puedan experimentar la salud en sus corazones.

Antes de irnos, le agradezco a Maya por ser un ejemplo para mí de lo que significa hacer lo que Dios te llama a hacer y hacerlo con gozo y placer. Dicho esto, nos juntamos alrededor de Maya y oramos por ella y por el puesto de salud.

Salimos y nos colocamos las mochilas, sin saber que conocer a Maya es solo el comienzo de encuentros similares que tendremos hoy con hombres y mujeres que nos van a desafiar, convencer y alentar con su ejemplo.

Más que educación

Nos adentramos en la aldea y entre el sendero y el río, llegamos a una escuela que está compuesta por cuatro edificios rectangulares con un patio en medio, donde los estudiantes se juntan para hacer actividades al aire libre.

Salimos del camino y Aaron nos dice que dejemos el equipaje.

Oímos las voces de los niños dentro de los salones de clases y Aaron nos invita a pasar y observar el primero que encontramos.

Allí hay cerca de treinta niños sentados en cuatro bancos largos. Nuestra presencia en el salón enseguida los distrae y nos miran. Comienzan a susurrar y a señalarnos, riéndose. Sus maestras, una nativa de este país y otra extranjera, intentan recuperar su atención y les piden que nos saluden en su idioma. Luego las maestras les piden que canten una canción que aprendieron hace poco y los niños las obedecen contentos. Mientras sus rostros iluminan el salón y sus voces llenan el aire, acompañados por sus ademanes, de inmediato pienso en mi esposa. Heather es maestra de primaria y le encantaría estar aquí en este momento.

Visitamos los otros salones y en todos vivimos escenas similares. Llegamos luego al cuarto edificio, que no es un salón de clases, es un dormitorio y una cocina.

—¿Los niños duermen aquí? —le pregunto a Nabin.

—No, ellos suben y bajan todos los días desde sus aldeas.

—¿Y quién vive aquí? —pregunto.

—Los maestros —responde Nabin—. Ninguno de los maestros es de esta aldea. Todos los maestros asiáticos completaron sus estudios en la ciudad que está en la base de estas montañas y luego eligieron venir aquí arriba a trabajar en esta escuela que fundamos. Mientras lo escucho, son obvias las similitudes que tienen con la vida de Maya.

—Como te habrás dado cuenta —agrega Nabin—, también hay maestros de otros países. Ellos, por supuesto, estudiaron en algún otro lado y vinieron a aquí a enseñar.

Mientras Nabin habla, camino por la habitación. Hay un área con literas para las maestras, un área separada con literas para los maestros y otra área más para un matrimonio que vive y trabaja allí. Las pocas pertenencias y ropa de cada maestro están ordenadas alrededor de sus literas.

En la pequeña cocina los maestros preparan el desayuno, la cena y el almuerzo para los alumnos y para ellos. Cruzando el sendero, hay un pequeño cobertizo con dos letrinas de hoyo y otro cuarto para bañarse.

—No es una forma fácil de vivir —digo en voz alta, sin pensar en los que me rodean.

—No se mudaron aquí porque pensaran que sería fácil —responde Nabin al oírme.

Luego de esto, salimos al patio donde todos los niños están de recreo. Observo cómo juegan y corren. Este no es el momento de descanso para los maestros, ya que los niños bailan alrededor de ellos y saltan a sus espaldas y a sus brazos para que los carguen y los balanceen. Mientras los observo sonreír, reír a carcajadas y jugar, veo a maestros que creen que estos niños y sus familias valen el precio que pagan por vivir aquí.

Aaron se me acerca y dice:

—Antes de construir esta escuela, estos niños no tenían nada. Incluso una vez que la construimos, debíamos encontrar maestros, lo que no fue una tarea fácil. Pero Dios proveyó y ahora, por primera vez, estos niños tienen acceso a la educación.

»Y enseñar es solo el principio —continúa Aaron—. Como estos maestros aman a los niños, también conocen a sus familias. Mientras trabajan, descubren más necesidades en la comunidad y junto con el puesto de salud o con otros se ocupan de esas necesidades. Y, en medio de todo...

—Déjame adivinar —lo interrumpo—. Se concentran en la mayor necesidad que tiene la gente, que es el evangelio.

—Lo vas entendiendo —ríe—. Estos maestros se apasionan por las necesidades físicas (en este caso, educación) y espirituales (en todos los casos, el evangelio). Ellos no eligen entre las dos, ni siquiera aunque priorizan la espiritual. Saben que la educación es muy importante para abrir todo tipo de oportunidades, pero también saben que la educación por sí sola no abrirá la vida eterna.

Trucha y vegetales

Cuando termina el recreo y los niños vuelven a los salones, Aaron dice:

—Quiero presentarles a alguien en la casa de té que queda más adelante. —Así que tomamos las mochilas y lo seguimos otra vez hacia el sendero.

Cuando llegamos a la casa de té, entramos y nos sentamos en la mesa para un almuerzo tardío (o, en realidad, una cena temprana, ya que aquí pasaremos la noche). Ordenamos lo de siempre, sopa de lentejas, pan y, adivinaste, té masala. Unos minutos después, entra un hombre caucásico grande, fuerte y barbudo que creo que tendría unos sesenta años.

—¡Ben! —grita Aaron sonriendo y los dos se dan la mano y se dan una palmada en la espalda.

Aaron voltea y nos presenta a Ben. Luego de sentarse, los oímos mientras se ponen al día brevemente. Ben dice que su esposa, Annie, está bien aquí en la comunidad y que sus dos hijas, que han terminado la universidad en los Estados Unidos, se están adaptando bien. Luego de conversar un poco más entre ellos, Aaron nos dice:

—Escuchen, quiero que todos oigan lo que hace Ben. Él y su esposa se mudaron a esta aldea hace poco y están haciendo una gran diferencia de una forma única. Ben —dice Aaron dirigiéndose a él—, no seas tímido. Cuéntales todo sobre ti, el excremento de trucha y el evangelio.

¡Eso nos llena de curiosidad!

—Bueno —comienza Ben con un gran acento sureño—, he trabajado en la ingeniería agrónoma durante toda mi vida en el sur... de los Estados Unidos, claro (como si creyéramos que era del sur de Asia). Pero luego viajé a este lugar con Aaron y vi la necesidad de alimento que hay en estas aldeas. El suelo no es bueno para sembrar vegetales, pero eso me hizo pensar en qué forma podría ayudar.

»Así que planeé otro viaje para instalar un pequeño experimento. Puse unos peces en un tanque pequeño con agua y diseñé unas tuberías con PVC para llevar el agua del tanque hasta una plataforma con plantas. Luego diseñé todo para que esa agua vuelva al tanque de peces luego de su exposición a las plantas. Se le llama acuaponía.

Tiene toda nuestra atención, ninguno de nosotros pensó que encontraría algo así en una aldea tan remota.

—Funciona con el excremento de los peces —dice Ben con pasión—. Los desechos de los peces se arrojan en el agua y son ricos en nitrato, que es la forma de nitrógeno que usan las plantas para crecer. Así que, básicamente, el excremento de los peces se convierte en alimento para las plantas, estas comen ese alimento, limpian el agua para los peces, la cual después se recicla para que los peces vivan ahí. Así que los peces y las plantas se ayudan entre sí a crecer y tú tienes un suministro constante de alimentos y vegetales.

—Me encanta, ¡qué creatividad! —dice Sigs.

—El experimento funcionó bien la primera vez, pero tuvimos que hacer algunos cambios. Así que regresé en un tercer viaje, esta vez con mi esposa, e intentamos utilizar la energía solar para sustentar el sistema. Lo hicimos funcionar y también aprendimos que podíamos utilizar el bambú para bombear el agua. El rendimiento de la planta fue increíble, incluso aunque estábamos haciéndolo a una escala muy pequeña. Pero pudimos ver la diferencia que esto haría para las personas de estas aldeas.

—¡No se imaginan lo feliz que me puse con lo que pasó después! —dice Aaron.

—Fue cuando mi esposa y yo supimos que Dios nos estaba llamando a venir aquí —concluye Ben—. Si Dios me había dado la capacidad de crear este tipo de sistemas, y la gente de aquí, que no tiene suficiente alimento, podría vivir y progresar si yo utilizaba lo que Dios me había dado, decidimos que era obvio que teníamos que venir aquí.

Dones singulares

Mientras oigo a Ben, me viene a la mente Lucas 12:48: "A todo el que se le ha dado mucho, se le exigirá mucho".

Los demás que están en la mesa comienzan a hacerle preguntas a Ben acerca de la acuaponía. Después de algunas palabras, mi foco se desvía, pero estoy totalmente enamorado del ejemplo de Ben.

Pienso en mi propia vida. Definitivamente no tengo habilidades en ingeniería agrónoma y nunca podría hacer lo que hace Ben. Mi esposa es testigo de mi inutilidad para cualquier actividad al aire libre (pesca, caza, jardinería, construcción…, literalmente, nada al aire libre). Pero eso es lo grandioso de oír a Ben. Él y yo tenemos educaciones, experiencias, dones y pasiones completamente distintas; sin embargo, tenemos un papel único que cumplir al utilizar lo que Dios nos ha dado para difundir su amor y suplir las necesidades urgentes del mundo.

Y *único* es la palabra correcta. Aquí estoy, con años de entrenamiento en el seminario y experiencia en dirección del ministerio; quiero usar ambos para la gloria de Dios en el mundo. Pero en este momento, estoy frente a este hermano en Cristo que, por lo que sé, no tiene estudios en el seminario, ni una experiencia formal en el liderazgo del ministerio, sin embargo, él está desarrollando la obra aquí con esta gente de una forma que, claramente, yo nunca podría.

Para llevarlo un poco más lejos, sería casi imposible para mí obtener una visa para vivir en este país teniendo en cuenta mis credenciales. Los gobiernos de los países como este, donde el evangelio no es común, hacen lo posible para mantener fuera a los pastores y misioneros. Sin embargo, las personas como Ben tienen una invitación abierta gracias a sus capacidades y la ayuda que pueden brindar.

Recuerdo a otro hombre que conocí hace poco en un avión. Él me reconoció por unos videos de un estudio bíblico e inició una conversación. Su nombre era Hugh y era de Demopolis, Alabama (un pequeño pueblo de la dulce Alabama). Le pregunté a Hugh hacia dónde volaba y me dijo que iba a México por su negocio de madera. Le pregunté si ese negocio se había extendido hacia otros países y me dijo que ahora estaban empezando a trabajar en el este y en el sur de Asia, y esperaban extenderse al Medio Oriente.

Mientras recuerdo esa conversación, me pregunto si Hugh alguna vez pensó que era Dios el que estaba abriendo esas puertas, no solo para ampliar su negocio, sino para difundir el evangelio a través de su vida.

Eso me trae a la mente a otro hombre, cuya historia es muy similar a la de Ben (¡ambas incluyen excremento!). Este hombre tiene un negocio de camas para caballos, también en Alabama. Él era muy exitoso, ya que en el norte de Alabama hay un árbol con una madera única que puede absorber la orina del caballo, así que logra productos de muy buena calidad. Un día, estaba en una reunión con este hombre y otros empresarios que estaban buscando diferentes formas de expandir sus negocios en el Medio Oriente para ayudar a propagar el evangelio allí. Mientras observábamos una lista de posibles industrias, las camas de caballo eran una de ellas. Los ojos de este hombre se iluminaron porque vio la oportunidad de que su negocio ayudara a la causa de Cristo en el Medio Oriente. Me da risa pensar en la creatividad de Dios, cómo en su soberanía ha diseñado un árbol en el norte de Alabama con la capacidad única de absorber la orina de caballo para difundir el evangelio.

Mi mente se llena de otros ejemplos. Pienso en amigos que se mudaron al norte de África, donde ahora tienen un floreciente negocio de alfombras. Ellos viajan a aldeas y compran alfombras antiguas de la zona y luego pagan para repararlas y limpiarlas. De esta forma ayudan financieramente a las personas de esas aldeas, al mismo tiempo que crean oportunidades para compartir el evangelio con ellos.

Pongo todo esto junto y no puedo evitar preguntarme si Dios ha diseñado la globalización del mercado de hoy para crear nuevas vías para difundir el evangelio en todo el mundo. Y no puedo evitar creer que Dios les ha dado a todas las personas educación, experiencias, dones y pasiones únicas para utilizarlas de formas que nunca hemos imaginado.

¿Qué pasaría si pensáramos así como cristianos? ¿Qué pasaría si todos pensáramos como Ben? ¿Qué pasaría si cada uno pensara todas las formas de cumplir un papel único en la extensión global del evangelio?

Sal y luz

En este momento, habla Sigs:

—Ben, escucharte hace que me pregunte cómo puedo utilizar la fotografía para la obra de Dios de difundir el evangelio en el mundo.

—Si el excremento de trucha se puede usar para eso, pensaría que la fotografía también —responde Ben.

Aaron se une:

—Solo piensa en lo que sucedería si los seguidores de Cristo sacaran provecho de oportunidades como esta. —Esto lleva a un debate y comenzamos una lluvia de ideas con distintas formas en que los seguidores de Jesús pueden ir por todo el mundo para propagar el evangelio.

Hablamos de los estudiantes de preparatoria que invertirán dinero u obtendrán becas para asistir a alguna universidad. ¿Qué pasaría si esos estudiantes comenzaran a buscar oportunidades para ir a la universidad en países donde el evangelio es escaso? Comparto un artículo que leí de varias universidades de otros países, que les darían a los estudiantes estadounidenses una beca completa por un programa de grado (con clases en inglés).

Chris dice:

—Cuán diferente sería todo si los estudiantes de preparatoria no solo pensaran en la universidad por su equipo de futbol favorito, lo que está más a la moda o lo que les resulta más cómodo, sino que pensaran qué podrían estudiar mientras llevan el evangelio a las personas que nunca han oído de él.

Luego Sigs cuenta que una vez oyó a unos estudiantes decir que querían abandonar la universidad y trabajar por la justicia en el mundo. Pero lo que muchos estudiantes no ven es la cantidad de oportunidades para trabajar por la justicia cuando obtienen un título.

—Después de todo —dice Sigs—, hoy conocimos maestros que están invirtiendo su vida en esos niños, no porque abandonaron su educación, sino porque la completaron con excelencia.

»Escuché de una joven —continúa—, que obtuvo su título en enfermería y luego comenzó a buscar oportunidades de trabajo en el extranjero. Eso la llevó a trabajar en el Medio Oriente, donde comenzó a trabajar en un importante hospital de una ciudad muy grande. Hoy, es la jefa de enfermería de ese hospital y tiene estudios bíblicos en su oficina. Nadie se lo prohíbe porque es muy buena en su trabajo.

Esta historia hace que me pregunte qué sucedería si los estudiantes se esforzaran para obtener títulos para que las naciones les pidieran que fueran y se abrieran las puertas para difundir el evangelio.

—No son solo los estudiantes y profesionales —dice Ben—. Hoy que tengo sesenta años, estoy pensando en jubilarme y en cómo puedo utilizar el dinero del Tío Sam, no solo para jugar al golf en Florida, sino para llevar el evangelio a otros países.

Les conté de un país en el sureste de Asia que ofrece grandes incentivos financieros para que los occidentales vayan a jubilarse allí. Ese país tiene millones de personas que nunca han oído del evangelio.

—¿Qué sucedería —pregunto— si los cristianos, tal vez un grupo de una misma iglesia, eligieran jubilarse en ese país para disfrutar sus últimos años juntos y a su vez presentar a Jesús a los perdidos?

Mientras hablamos, está claro que el ejemplo de Ben nos ha abierto el entendimiento de la cantidad de oportunidades para ser luz y sal de los "confines de la tierra". Me pregunto qué pasaría si más gente como Ben, incluidos tú y yo, nos tomáramos Lucas 12:48 en serio.

El mejor tesoro

Después de comer, Ben nos lleva a la granja de truchas. Allí, conocemos a su esposa, Annie, y juntos nos muestran cómo funciona todo. De hecho, el excremento de trucha es más fascinante de lo que pensábamos al principio.

Luego, todos regresamos a la casa de té donde Maya y los otros maestros de la escuela se unen a nosotros para hacer oración. Aaron me pide que comparta algo de la Palabra con todos, así que tomo Lucas 12, el mismo pasaje que estaba leyendo en la mañana. Leo en voz alta las siguientes palabras de Jesús.

Lucas 12:32-34:

> No tengan miedo, mi rebaño pequeño, porque es la buena voluntad del Padre darles el reino. Vendan sus bienes y den a los pobres. Provéanse de bolsas que no se desgasten; acumulen un tesoro inagotable en el cielo, donde no hay ladrón que aceche ni polilla que destruya. Pues donde tengan ustedes su tesoro, allí estará también su corazón.

Mientras comparto esto con el grupo, señalo que Jesús no está diciéndoles a sus discípulos que sacrifiquen el tesoro de su vida. En lugar de eso, los alienta a buscar el tesoro en su vida, la clase de tesoro que durará para siempre. Él los invita a vivir por los tesoros inagotables que nunca se pierden, no tesoros a corto plazo que se acaban.

Esta es una forma completamente contraria a la que se maneja en el mundo. Queremos recompensas y las queremos ya. Queremos hacer todo lo que podamos ahora (hasta vendemos el cristianismo como la llave a nuestra "mejor vida ahora"). Pero sin duda, parece que el mensaje de Jesús habla más de nuestra "mejor vida después". Y para siempre. Jesús en realidad les está diciendo a sus discípulos que dejen sus bienes en este mundo y los den a los necesitados de forma que los conduzca a un placer eterno en un reino celestial.

Hay casi un tinte de motivación egoísta en las palabras de Jesús, ¿no crees? Si lo piensas, este pasaje no es un verdadero llamado a sacrificarse, sino más bien un llamado a la satisfacción. Jesús llama a sus seguidores a ganar tantos tesoros inagotables como puedan.

Esta, comparto con el grupo, es la imagen que veo obrando en sus vidas. Todos ellos han hecho eso, han abandonado todos los placeres de este mundo para vivir y trabajar en este lugar. Han vendido y dado todos sus bienes. Han dejado de lado varias de sus ocupaciones y placeres de este mundo. Sin embargo, tengo en claro una cosa: están viviendo por el tesoro. El mejor tesoro. Están viviendo por el tesoro que dura para siempre.

Hago una pausa y miro los rostros a mi alrededor. Pienso en la oración que escribí al comienzo del día:

Oh, Dios, por favor, ayúdame a hacer lo que quieres que haga con todo lo que me has dado.

Ahora, al final del día, veo un círculo de hombres y mujeres, de entre veinte y sesenta años, que están haciendo lo que Dios los llamó a hacer con todo lo que Él les ha dado. Así que simplemente los aliento:

—Cuando están en el puesto de salud, cuando les enseñan a esos niños, cuando trabajan en los sistemas acuapónicos, tal vez hay días en los que se preguntan si vale la pena. Tal vez se preguntan si valen la pena los sacrificios que hacen y los desafíos que soportan. Pero quiero decirles, directo de la boca de Jesús, que vale la pena. Están viviendo por lo único que es duradero y no hay nada en el mundo que llegue siquiera a compararse con el tesoro que están acumulando en el cielo, no solo para ustedes, sino para todos los hombres, mujeres y niños de estas montañas.

A medida que las palabras salen de mi boca, vuelven a mí como un búmeran al corazón, porque quiero vivir por un tesoro como ese. De hecho, quiero hacer todo lo que Jesús me llamó a hacer con todo lo que Dios me ha dado para hacerlo. Luego de despedirnos en oración y de decir buenas noches, me voy a la habitación lo más rápido que puedo. Allí, desempaco mis cosas, tomo mi diario y escribo:

Oh, Dios, quiero usar todos los dones que me has dado para difundir tu evangelio en el mundo. Quiero usar todo lo que me has confiado para acumular un tesoro en el cielo que dure para siempre. ¿Qué quieres que haga? ¿Quieres que me mude a un lugar como este? ¿Me estás llamando a dar mi vida a estas personas, a hacer discípulos y formar pastores?

De algún modo, parece algo obvio: ¡ven a vivir aquí! Hay tan poco del evangelio, tan pocas iglesias, tan pocos pastores y tanta necesidad. ¡Hay muchas oportunidades para acumular un tesoro eternal!

¿Por qué no mudarme aquí? La única forma en que imagino que no vendría es si en los Estados Unidos estuviera haciendo más para incidir en lo que sucede aquí que viviendo en esta región. Oh, Dios, por favor, guíanos a mí, a Heather y a los niños con tu Espíritu, acorde a tu voluntad. Quiero hacer todo lo que me llamas a hacer con todo lo que me has dado. ¡Jesús, quiero vivir por ese tesoro real, inagotable, que dura para siempre! Amén.

REFLEXIONES

"A todo el que se le ha dado mucho, se le exigirá mucho; y al que se le ha confiado mucho, se le pedirá aún más" (Lucas 12:48). ¿Qué te viene a la mente cuando lees este versículo?

Pensando de manera creativa, ¿qué oportunidades existen a tu alrededor de usar los dones que Dios te dio para influenciar a otros que están en necesidad y difundir el evangelio de la gracia? ¿De qué forma esos mismos dones pueden ser usados en otros lugares, lejos de tu hogar?

Día 6. Como un rey preparándose para la guerra

Un amor superior

Me despierto tenso esta mañana. No es que este viaje no haya tenido su cuota justa de tensión, pero anoche me acosté preguntándome si Dios me está llamando a mudarme a este país para servirlo aquí. Eso hizo que no descansara bien.

Por eso, esta mañana tengo incontables preguntas sobre lo que eso significa y las preguntas no son solo mías. Pienso en todas las preguntas que me hará Heather cuando pregunte en voz alta si Dios nos está guiando a mudarnos aquí. Pienso en lo que todo esto podría significar para mi esposa, mis hijos y mi futuro.

Necesito oír la Palabra de Dios, por eso abro mi Biblia en Lucas 13-14. Mi lectura matutina termina con estas palabras.

Lucas 14:25-35:

Grandes multitudes seguían a Jesús, y él se volvió y les dijo: Si alguno viene a mí y no sacrifica el amor a su padre y a su madre, a su esposa y a sus hijos, a sus hermanos y a sus hermanas, y aun a su propia vida, no puede ser mi discípulo. Y el que no carga su cruz y me sigue, no puede ser mi discípulo.

Supongamos que alguno de ustedes quiere construir una torre. ¿Acaso no se sienta primero a calcular el costo, para ver si tiene suficiente dinero para terminarla? Si echa los cimientos y no puede terminarla, todos los que la vean comenzarán a burlarse de él, y dirán: "Este hombre ya no pudo terminar lo que comenzó a construir".

O supongamos que un rey está a punto de ir a la guerra contra otro rey. ¿Acaso no se sienta primero a calcular si con diez mil hombres puede enfrentarse al que viene contra él con veinte mil? Si no puede, enviará una delegación mientras el otro está todavía lejos, para pedir condiciones de paz. De la misma manera, cualquiera de ustedes que no renuncie a todos sus bienes, no puede ser mi discípulo.

La sal es buena, pero, si se vuelve insípida, ¿cómo recuperará el sabor? No sirve ni para la tierra ni para el abono; hay que tirarla fuera.

El que tenga oídos para oír, que oiga.

He predicado y escrito acerca de este pasaje antes, pero estas palabras toman un significado completamente nuevo mientras estoy aquí sentado pensando en la posibilidad de mudarme a esta parte del mundo con mi familia para seguir a Jesús.

Recuerdo una de mis frases favoritas de John Stott sobre este pasaje, en su libro *Cristianismo básico*. En sus palabras:

La campiña cristiana está sembrada de desastres producidos por el descuido, de torres a medio construir: la ruina de quienes comenzaron a edificar y no pudieron terminar. Miles de personas todavía no prestan atención a la advertencia de Cristo y se comprometen a seguirlo sin primero detenerse a reflexionar sobre el costo que tendrán que pagar para hacerlo. El resultado es el gran escándalo de la cristiandad, de lo que se llama "cristianismo nominal". En países donde se ha desarrollado la civilización cristiana hay muchísimas personas que se cubren con un barniz de cristianismo, vistoso pero superficial: lo suficiente para parecer respetables, pero no para sentirse incómodos. Su religión es un almohadón grande y blando: los protege de las situaciones desagradables de la vida, pero lo cambian de lugar y forma según las conveniencias. ¡Cómo sorprenderse de que los críticos hablen de los hipócritas que hay en las iglesias y rechacen la religión por considerarla un escapismo![2]

Al leer Lucas 14 ahora, recuerdo lo fácil que puede ser moldear mi religión para que encaje a mi conveniencia.

Así que, ¿de verdad estoy dispuesto a seguir a Jesús a donde sea y como sea, sin importar lo que eso signifique para mí o mi familia? Según Jesús, seguirlo requiere un amor por Él tan supremo que, si lo comparamos, hace que el amor a nuestra familia parezca odio.

Recuerdo a John Bunyan, en su obra *Gracia abundante para el mayor de los pecadores*. Las autoridades lo amenazaron con enviarlo a prisión si no dejaba de predicar. Él sabía que si iba a prisión, su esposa y sus hijos (uno era ciego) se quedarían en la miseria. Incluso cuando él estaba libre su familia tenía poco alimento y vestimenta. Su prisión significaría la pobreza de su familia. Sin embargo, Jesús lo había llamado a predicar el evangelio, y no podía

---

[2] John Stott, *Cristianismo básico*. Buenos Aires: Ediciones Certeza Unida, 2007, pp. 144-45 [del original en inglés].

permanecer callado. Posteriormente lo metieron en prisión, donde, desde su celda, escribió:

> Separarme de mi esposa y mis pobres hijos ha sido como arrancarme la carne de los huesos, no solo por todo lo que esto significa para mí, sino también por las muchas vicisitudes y miserias y necesidades que es probable que hayan significado para ellos; especialmente para mi hijito ciego, que estaba más cerca de mi corazón que los otros. ¡Oh, cómo me han partido el corazón los pensamientos que han cruzado por mi mente sobre las penalidades que mi hijo habrá sufrido! [...] Pero debo dejarlo todo en las manos de Dios, aunque me mata tener que dejarte. Vi que era como un hombre que está derribando su casa sobre la cabeza de su mujer y sus hijos, con todo pensé: "Tienes que hacerlo, tienes que hacerlo".[3]

Como si el amor superior no fuera suficiente, Jesús continúa diciendo que él nos pide nuestra vida entera. La devoción a Jesús significa negarse a uno mismo y aniquilar nuestros propios pensamientos, deseos, planes y sueños. Según Jesús, seguirlo significa que Él sea nuestra vida entera.

Por eso escribo:

Jesús, tú eres mi vida entera. Quiero hacer lo que tú quieras que haga. Aun si eso es mudarme aquí. ¿Cómo sería eso para mí y mi familia? Por favor, ayúdame a saber el costo de lo que eso significaría. Oh, Dios, quiero renunciar a todo lo que quieras que renuncie en este mundo. ¡No quiero moldear mi

---

[3] John Bunyan, *Gracia abundante para el mayor de los pecadores*. Createspace Independent Publishing, 2017, p. 123 [del original en inglés].

cristiandad para ajustarla a mi conveniencia!
Por favor, guía mis pasos y guárdame de mí mismo
a cada paso del camino. Por favor, ioro para que
me guíes con tu Espíritu a donde desees!

Guerra espiritual

Luego de empacar mis cosas, voy a la casa de té y me siento en la mesa del desayuno junto a Chris y Nabin, frente a Aaron y Sigs. Mientras comemos el menú matutino clásico, Chris me pregunta qué estaba leyendo esta mañana en mi Biblia. Le hablé del final de Lucas 14 y la importancia de saber el costo de seguir a Cristo en este mundo, como un constructor que planea construir una torre o como un rey que se prepara para ir a la guerra.

Luego le pregunto a Aaron:

—¿Cuándo decidiste entregar tu vida al ministerio en circunstancias desafiantes como estas? ¿Cómo calculaste ese costo? ¿Cómo mediste el costo de realizar esta obra aquí?

—Esa es una gran pregunta —dice Aaron—. Sabíamos que físicamente trabajar en unas montañas tan remotas sería difícil por razones obvias. Sin embargo, descubrimos muy rápido que los desafíos físicos no eran nada comparados con los desafíos espirituales.

—¿Cómo lo descubrieron? —pregunta Chris.

—Bueno —dice—, la primera vez que vinimos a estas aldeas y comenzamos a compartir el evangelio, inmediatamente nos dijeron que nos fuéramos y que no regresáramos. De hecho, algunos amenazaron con matarnos si intentábamos regresar.

—¿Por qué? —pregunta Sigs.

—Hay una fuerte creencia aquí de que necesitas apaciguar a los dioses y espíritus para que te vaya bien y que si alguien perturba la estabilidad de adoración a esos dioses y espíritus, pueden ocurrir cosas muy malas en la aldea. En consecuencia, cuando la gente supo que éramos seguidores de Jesús, creyeron que estábamos presentándoles a un dios extranjero y enemigo que enojaría a sus dioses, por eso nos echaron.

—¡Qué espantoso! —dice Chris.

—Y ¿saben? —continúa Aaron—, en un sentido, estaban en lo correcto. Si nos basamos en lo que dice la Biblia sobre la guerra espiritual, hay un dios completamente falso llamado diablo que ha engañado las mentes y los corazones de estos pueblos por siglos. Por generaciones, ha evitado que Jesús sea proclamado aquí como el único y verdadero Dios y hará todo lo que pueda para que eso no cambie.

Aaron hace una pausa, como reacio a decir algo. Sé que tiene en mente algo específico, por eso le pregunto:

—¿Cómo has visto que termina?

Él suspira y dice:

—Déjenme contarles una historia que probablemente no hubiera creído si no la hubiera visto en persona. Pero les dará una perspectiva de la guerra espiritual que se mueve aquí.

—De acuerdo, te escuchamos.

—Un día —comienza Aaron—, estaba caminando por una aldea no muy lejos de aquí. Fue en mis primeros viajes y era la primera vez que estaba en esa aldea en particular. Mientras caminaba, de repente, una mujer de unos treinta y tantos años pasó corriendo a mi lado muy rápido. Me asustó porque parecía estar fuera de control y podía sentir que algo no estaba bien en ella. Ella siguió corriendo y la perdí de vista.

»Unos minutos después —continúa—, el sendero me llevó justo a la casa donde esta mujer parecía vivir. Al acercarme a la casa, la vi salir disparada por la puerta. En el rostro tenía una expresión de desquiciada y llevaba una botella en la mano, que luego supe que era insecticida. Se quedó allí frente a su puerta, mirándome mientras me acercaba a ella y comenzó a gritar. Detuve mi paso, totalmente sorprendido y sin entender lo que estaba sucediendo.

»En ese momento, la mujer gritó en su dialecto, de tal manera que parecía que estaba endemoniada: "Esta es tu bienvenida a nuestras aldeas", y comenzó a beber de la botella que tenía en la mano. No sabía lo que había en esa botella, pero inmediatamente me preocupé cuando su esposo salió corriendo con sus hijos. Todos gritando: "¡No! ¡No! ¡No!". Pero para cuando la alcanzaron, ya había bebido casi toda la botella. En ese instante, ella comenzó a convulsionar y no podía respirar. El esposo comenzó a gritar pidiendo ayuda, así que dejé mi mochila y corrí hacia ellos. Parecía que ella estaba perdiendo la conciencia y, al rato, dejó de respirar. Intenté revivirla, pero nada funcionó. En cuestión de minutos falleció.

Nos quedamos allí sentados en silencio, intentando imaginar la escena.

—Fue uno de los peores momentos de mi vida —dice Aaron—. Ver a una mujer suicidarse frente a su esposo y a sus hijos, y hacerlo porque yo había ido a su aldea.

—¿Al menos conocías a esta mujer? —pregunta Sigs.

—No —responde Aaron—. No había estado en esa aldea y nunca había visto a esa mujer. La primera vez que la vi fue cuando pasó corriendo al lado mío en el sendero.

Aaron hace una pausa nuevamente y luego continúa:

—Así fue como supe que las batallas físicas contra el hambre y las enfermedades en estas aldeas no son nada comparadas con las batallas espirituales que hay en los corazones y las mentes de estas personas. Y tuve que hacerme una pregunta: "¿Estoy listo para ese tipo de batalla?".

Mientras Sigs y Chris le hacen más preguntas a Aaron, inmediatamente mi mente vuelve a pensar si Dios me está llamando o no a venir a vivir aquí junto con mi familia. "¿Estoy listo para esta clase de guerra espiritual?", me pregunto. Y no solo yo. Pienso en todas las oportunidades de las que hablamos ayer para que los estudiantes, profesionales y jubilados lleven el evangelio alrededor del mundo. De hecho, ese no es un compromiso fácil.

"Como un rey que se prepara para la guerra, hay un precio a tener en cuenta".

La valentía de Alisha

Pronto terminamos de desayunar y volvemos al sendero. Hoy iremos a una aldea en Lhuntse, donde planeamos entrenar a un pequeño grupo de pastores y plantadores de iglesias. Una de las maestras de la escuela que visitamos ayer vendrá con nosotros. Su nombre es Alisha. Al comenzar a caminar, Aaron rápidamente me alcanza y dice:

—En algún momento, más tarde, debes preguntarle a Alisha su historia. Ella te va a dar una verdadera perspectiva de Lucas 14.

Al rato, el terreno se ensancha y me acerco a Alisha. Tiene veintitantos años, acaba de terminar sus estudios en magisterio en una universidad de la capital. Habla con una voz suave y tiene una apariencia dulce y tímida, que esconde la vida corta y difícil que ha sufrido. Luego de unos minutos de conversación sobre la belleza de esta zona, le pregunto:

—¿Podrías hablarme de tu familia?

—Tengo un hermano mayor —dice—, que vive en un monasterio. Mis padres lo enviaron allí cuando era más joven y desde entonces está estudiando para ser un monje.

—¿Dónde naciste?

—En una aldea lejana subiendo la montaña.

—¿Tus padres aún viven?

—Mis padres… —comienza Alisha, pero luego hace una pausa— bueno, tal vez deba retroceder un poco. Nací en lo que mi familia creyó que era un "mal día". Mi aldea era muy supersticiosa y ciertos días eran vistos como malos. Y resulta que nací en uno de esos días.

»Mi abuelo —continúa—, era un mensajero del diablo. La gente creía que él podía comunicarse con el diablo y como nací en ese día malo, mi abuelo declaró que había nacido para adorarlo. Por eso, desde que era muy pequeña, a los tres o cuatro años, él les dijo a mis padres que debía llevarle ofrendas al diablo todos los días. Así que mis padres construyeron un pequeño cuarto fuera de nuestra casa con un altar para el diablo. Recuerdo que cuando era niña debía salir todas las noches, ir a ese cuarto sola en la oscuridad y realizar una ofrenda. Todas las noches —dice Alisha—. Tenía mucho miedo.

Mientras la escucho, pienso en mi hijo más pequeño. Él tiene cinco años. Recuerdo la sonrisa de su rostro y no puedo ni imaginarlo a los tres o cuatro años saliendo solo por la noche hacia un cuarto oscuro para darle una ofrenda al diablo.

—Pero luego, un día todo cambió en la vida de mi papá —dice Alisha—. Un hombre ciego vino a nuestra aldea junto con un guía. Este hombre vino a nuestra casa y le habló a mi papá de Jesús. Le dijo que Jesús tiene autoridad sobre el diablo y el pecado, que es el único y verdadero Dios que vino a derrotar al diablo, al pecado y a la muerte para que seamos perdonados y podamos restaurar la relación con el único y verdadero Dios.

—¿Tu padre alguna vez había oído hablar de Jesús? —pregunto.

—No, esa fue la primera vez. Pero no le tomó mucho tiempo creer en Jesús. Él sabía que adorar a otros dioses y espíritus, incluido el diablo, estaba mal. Estaba listo para creer en Jesús.

Mientras caminamos juntos, mi corazón se llena de alegría por este ciego que realmente se preocupó por las personas de esta aldea y le habló del evangelio al papá de Alisha. Pienso en lo difícil que es subir estos caminos empinados y senderos estrechos con dos ojos, ¿cómo debe de haber sido para un hombre ciego? No podemos poner excusas para no difundir el evangelio a quienes no lo han escuchado.

—Todo cambió en la vida de mi papá —continúa Alisha—. Tenía una perspectiva nueva de todo. Este hombre ciego le dio una Biblia y él comenzó a leerla solo y con nuestra familia. Al poco tiempo, mi mamá también creyó en Jesús. Y yo ya no tenía que dar ofrendas al diablo; en lugar de eso, mi papá comenzó a enseñarme acerca de Jesús.

—¿Cómo reaccionó tu abuelo a todo eso? —pregunto.

—Estaba muy enojado —dice Alisha—. Y no solo él, todos en la aldea estaban enojados. Mi abuelo y el resto de los aldeanos creían que mi papá estaba trayendo a un dios extranjero a la aldea y que eso traería problemas. —Mientras Alisha habla, me doy cuenta de que está ejemplificando la resistencia al evangelio de la que Aaron nos había hablado en el desayuno—. Así que en cuestión de semanas —continúa—, a mi familia la segregaron de la aldea.

—¿Eso qué quiere decir? —pregunto.

—Nos dijeron que no podíamos sacar agua del pozo, que tendríamos que ir a otra aldea para eso. Nadie quería compartir una comida con nosotros o venir a nuestra casa. Estábamos como marginados.

Mientras Alisha habla, puedo sentir que todo esto fue muy doloroso, pero no estaba preparado para lo que vino después.

—Luego, un día —al decir esto su voz comienza a temblar—, tendría cerca de doce años, mi mamá y mi papá salieron de casa y andaban caminando por el sendero para conseguir agua y provisiones en otra aldea. Como no volvían, comencé a preocuparme y en ese momento vino el líder de la aldea a mi casa. Me dijo que cuando mis padres venían de regreso a la aldea, había ocurrido un derrumbe. Las rocas rodaron hacia ellos y mis padres cayeron por la montaña y murieron.

—Lamento mucho oír eso, Alisha. —Su rostro comienza a llenarse de lágrimas y también el mío.

Ella deja de hablar mientras ordena sus emociones. Quiero darle algo de tiempo y espacio, así que no digo nada por un momento. Luego de unos minutos, Alisha rompe el silencio:

—Pero en realidad no es eso lo que les sucedió a mis padres —dice Alisha.

—¿Qué quieres decir?

—Mis padres no fallecieron en un derrumbe.

—Entonces, ¿cómo murieron? —pregunto confundido.

Alisha hace una pausa, como si tuviera miedo de decir lo que está por salir de su boca. Luego dice:

—Los líderes de la aldea los apedrearon.

Me quedé perplejo y seguí escuchando.

—Años más tarde —dice Alisha, limpiándose las lágrimas—, me enteré de que ellos habían atacado a mis padres ese día en el camino arrojándoles piedras hasta que murieron. Luego de esto, arrojaron los cuerpos por la montaña e inventaron la historia del derrumbe. Además, corrieron la voz de que había sucedido lo que nos habían advertido: si traes un dios extranjero a la aldea, los dioses y los espíritus de las montañas te harán cosas malas.

La realidad de la historia de Alisha concluye así:

—Hasta el día de hoy, si alguien habla de Jesús en cualquier lugar cerca de mi aldea, la gente dice: "No adores a Jesús, recuerda lo que les sucedió a las únicas personas que lo adoraron aquí. Murieron en un derrumbe".

Mientras seguimos caminando, Alisha me dice que ella supo que quería seguir a Jesús. Como era huérfana, terminó yendo a una escuela y se fue a vivir a la ciudad, donde también encontró una iglesia de la cual ser parte.

Alisha estaba muy nerviosa antes de bautizarse, porque sabía que esa sería la separación definitiva de su aldea y la familia que le quedaba, como su hermano que aún estaba en el monasterio. Pero luego de varias conversaciones con su hermano y luego de calcular completamente el costo, hace algunos años se bautizó y confesó públicamente su fe en Cristo. Ahora, luego de terminar la universidad, está enseñando aquí arriba en la aldea que visitamos ayer, trabajando para propagar el evangelio en las mismas montañas donde sus padres fueron martirizados.

Un mensaje peligroso

Mientras Alisha y yo hablábamos, alcanzamos a los demás que se detuvieron para descansar. Dejamos nuestras mochilas y llenamos las botellas de agua, luego nos sentamos en las rocas y observamos el camino.

Cuando te sientas y te das cuenta de en qué lugar estás y lo que estás haciendo, parece un sueño. Sin embargo, es interesante cómo cambia lo que te sorprende a medida que avanzas por los senderos. Al principio, te maravilla el paisaje. No me malinterpreten, sigue siendo algo increíble y aún quieres tomarle fotos a todo lo que te rodea. Pero ahora, lo que es mucho más maravilloso son las personas que nos rodean. Veo a Alisha y Nabin, que crecieron en estas mismas montañas, y ahora que sé sus historias siento que no soy digno de caminar con ellos.

Luego de un descanso de media hora, recogemos nuestras cosas y nos ponemos en marcha.

—No estamos lejos de la próxima aldea —dice Aaron—. Allí pasaremos el resto del día.

Al oír que esta es la última caminata del día, me demoro un poco para procesar lo que escuché esta mañana. Mientras pienso en las historias que Aaron y Alisha me contaron, me doy cuenta, de una forma nueva, de que si no tengo cuidado, puedo tener (y comunicar) una visión muy romántica de lo que significa seguir a Jesús en el mundo.

Yo predico, escribo libros y utilizo las redes sociales para llamar a la gente a abrazar el evangelio alrededor del mundo. Sin embargo, esta mañana me recordaron a qué estoy llamando a la gente: a una batalla espiritual que puede llevar a alguien al suicidio y a trabajar entre personas que podrían ser apedreadas si creen lo que les dices.

Obviamente, no solo estoy llamando a otros a que vayan a lugares difíciles, no puedo pedirles que realicen algo que yo no hago. Al considerar la posibilidad de venir a vivir aquí, no tengo ninguna ilusión de que sea fácil. Es más, no tengo ninguna ilusión de que la vida y la obra sean fáciles aquí. De hecho, la gente y los lugares del mundo que no han sido alcanzados por el evangelio, no lo han recibido por alguna razón. Son difíciles de alcanzar. Son peligrosos. Estoy muy seguro de que ya se llegó a todos los lugares fáciles.

A medida que pienso en vivir y servir en los lugares difíciles del mundo, las palabras de Jesús en Lucas 14 toman más sentido para mí. Muchas veces me pregunto por qué estas palabras me resultan tan ajenas a mí y a casi todos los cristianos que me rodean en Norteamérica, donde particularmente predominan las iglesias. No parece muy costoso seguir a Cristo en los Estados Unidos. Sí, le dedicamos tiempo y dinero que podríamos invertir en otro lado, pero no estamos en peligro de que nos apedreen como a los padres de Alisha o de que nos abandonen sin nada como al pastor que conocí hace dos noches.

Me pregunto si esa es la desconexión que existe entre nosotros y las palabras de Jesús en Lucas 14. Por un lado, alabo a Dios por haber nacido en una familia donde he oído el evangelio desde el primer día. Adoro a Dios por mis padres, mis amigos y una iglesia que me ama y se preocupa por mí y no me costó la vida o los bienes seguir a Jesús. Pero si me detengo allí y guardo mi vida y mis bienes para mí mismo, necesito hacerme esta pregunta: "¿De verdad estoy siguiendo a Jesús?".

Según Lucas 14, no. Si soy un verdadero cristiano, debo dejar mi vida y mis planes para seguir a Jesús a donde me guíe. Y si lo sigo, inevitablemente él me guiará hacia las personas que aún no conocen su amor y hacia los que tienen necesidades básicas urgentes. *Inevitablemente*, eso tendrá un costo para mí.

Por eso, mi conclusión es que la única forma de evitar el costo que Jesús describe en Lucas 14 es no seguirlo. Tal vez podamos llamarnos cristianos, pero nos entregamos a un mundo de comodidad e ignoramos las necesidades físicas y espirituales que tiene el mundo; o, tal vez, le damos algunos minutos de nuestro tiempo y centavos de nuestro dinero a aquellos en necesidad mientras vivimos una vida centrada en nosotros mismos.

Dejando de lado lo que prediqué y escribí en el pasado, en este sendero me siento confrontado con la realidad de que estoy tentado todos los días a no seguir a Jesús como lo dice en Lucas 14. Me doy cuenta de que en mi vida me seducen constantemente la comodidad y la tendencia a ignorar las necesidades del mundo. Esa tentación es fuerte y necesito hermanos y hermanas en Cristo como Alisha y Aaron que me recuerden continuamente que la vida de un cristiano siempre tiene un costo para los que verdaderamente siguen a Jesús.

El bufet de *dal bhat*

Llegamos a la siguiente aldea donde pasaremos el resto del día. Dejamos nuestras mochilas en las habitaciones y luego nos reunimos para almorzar. El menú del día es *dal bhat*, una variación de la sopa de lentejas que hemos comido en todo el camino.

Imagina un plato plateado con un montón de arroz blanco en medio. Al lado hay un recipiente plateado con una salsa café y espesa, llamada *dal*. El *dal* contiene lentejas, vegetales al curry y distintas especias. Para comerlo correctamente debes verter el *dal* sobre el arroz. Cuando la salsa se filtra por el arroz, ya tienes un plato de *dal bhat*.

Los anfitriones de la posada buscan cucharas para nosotros, pero los habitantes locales no las utilizan. Si decides que ya has comido suficientes veces aquí y ya te consideras del lugar, sacudes la cabeza para rechazar la cuchara. Comer como los lugareños es, primero, utilizar solo la mano derecha. La mano izquierda se utiliza para… bueno…, digamos que deberes "menos higiénicos".

Al juntar los tres dedos del medio de la mano derecha, formas una especie de cuchara que sostiene la comida. Luego colocas esos dedos debajo de un puñado de arroz con *dal* y utilizas el pulgar para colocar el *dal bhat* sobre los tres dedos. Levantas la mano, con el pulgar y los dedos sosteniendo la comida, te la acercas a la boca y colocas la comida (junto con alguno de los dedos) sobre la lengua, allí esas especias asiáticas te saludan cordialmente.

Continúas este proceso hasta que tu plato comienza a vaciarse, pero eso no significa que ya has terminado. Tan pronto como el arroz y el *dal* comienzan a desaparecer, la anfitriona llega con más y te das cuenta de que era un bufet de *dal bhat*, como esos de "come todo lo que puedas". Depende de cómo te siente el *dal bhat* para decidir si sigues con un segundo o tercer plato.

Mientras comemos el *dal bhat*, Aaron nos adelanta el plan del resto del día.

—Hoy nos vamos a reunir en esta aldea con un pequeño grupo de pastores y líderes de iglesias. Todos tienen otros trabajos y solo dos obtienen apoyo económico por la obra que realizan en la iglesia.

—¿Vienen de otras aldeas? —pregunta Sigs.

—Sí, varios han viajado mucho para estar aquí y pasaremos un tiempo enseñándoles la Palabra y entrenándolos para la plantación de iglesias.

Aunque Aaron dice esto en ese momento, pronto descubriremos que la "enseñanza" y el "entrenamiento" serán más para nosotros que para ellos.

Una vida transformada

Una vez que estamos satisfechos de *dal bhat*, tomamos nuestras Biblias y vamos a lo que parece una nueva y pequeña construcción de metal y estaño con vista a la aldea. Aparentemente, aquí es donde se junta la iglesia. Dentro nos está esperando un grupo de unas veinte personas, sentadas en círculo, bebiendo té y conversando. Cuando llegamos, nos unimos al círculo y comenzamos a beber té.

Así empezamos unas doce horas de oración y estudio de la Biblia, donde nos alentamos unos a otros hasta entrada la noche. En el transcurso de esas horas, me relaciono con los pastores y líderes más humildes, buenos, gentiles y fuertes que he conocido.

A mi derecha están Ram y Rasila. Ram era alcohólico.

—En mi aldea me conocían como un hombre muy malo —nos dijo Ram. Rasila, su esposa, asiente con la cabeza.

—No solo en nuestra aldea era malo —agrega ella—, en casa también. No era un buen esposo, ni un padre amoroso con nuestros hijos. Nos dejaba solos muchos días por estar bebiendo y haciendo cosas malas. Le preparaba la cena y muchas veces no regresaba a casa, y cuando regresaba, no era nada bueno.

»Algunos días —recuerda con lágrimas en los ojos por el dolor del pasado— me quería suicidar. Pero luego miraba a mis hijos y me detenía.

Ram retoma la conversación:

—Un día alguien me compartió las buenas nuevas de Jesús. Me dijo que podía tener una vida nueva si creía en Jesús, que Él me perdonaría mis pecados y podría tener una relación con Dios. Me dijo que podría ser el hombre, el esposo y el padre que debía ser.

—Llegó a casa un día —cuenta Rasila— y me sorprendió mucho. No estaba borracho, hablaba de una forma que me parecía loca. Nos dijo que quería ser cristiano y quería que nosotros también lo fuéramos.

—¿Qué pensaste en ese momento? —pregunto.

—Quería saber qué era lo que había causado este gran cambio en mi esposo. Se comportaba muy diferente y decía que quería amarnos más, ocuparse más de nosotros y proveernos más. Estaba feliz y quería saber más de Jesús; así, al final, mis hijos y yo decidimos seguirlo. Hoy, Ram es el esposo y el padre más amoroso que puedo imaginar —dice Rasila con una gran sonrisa—. Creo que soy la mujer, y la esposa, más afortunada del mundo, sin duda.

—¿Quién te habló del evangelio? —le pregunto a Ram. Él sonríe y señala a otra pareja que está ahí.

En llamas

Del otro lado hay una pareja sentada, Seojun y su esposa, Jin. Se nota que ellos no son nativos de estas montañas y les pregunto hace cuánto que viven aquí.

—Hace unos diez años —dice Seojun—. Jin y yo nos mudamos aquí desde otro país. Queríamos compartir el evangelio y trabajar para ayudar en medio de la pobreza y la enfermedad. Cuando llegamos a este país, no quisimos quedarnos en la ciudad, queríamos vivir en las montañas para estar más cerca de la gente que estaba en necesidad. Así que construimos una casa aquí arriba, junto a un lugar donde podríamos ministrar las necesidades de la gente. Y un día conocí a Ram y, al poco tiempo, a Rasila.

—¿Así que viven aquí desde entonces? —pregunto.

—No exactamente —responde Seojun.

Jim interviene:

—Una noche escuchamos ruidos en la puerta de nuestra casa y supimos que algo andaba mal. Nos acercamos a la puerta, miramos hacia afuera por la ventana y vimos hombres con armas y antorchas. De repente, los hombres comenzaron a romper las ventanas y yo grité. Nunca había tenido tanto miedo.

—Nos gritaron que nos fuéramos —retoma Seojun— y cuando salimos corriendo, prendieron fuego a nuestra casa y al edificio de al lado. Luego nos apuntaron con sus armas y nos dijeron: "¡No vuelvan nunca! No son bienvenidos en esta aldea y si intentan regresar, los mataremos".

—Estaba muy triste —dice Jin—. De verdad creíamos que Dios nos había llamado a trabajar en esa aldea, pero sabíamos que si nos quedábamos, no solo estaríamos en peligro nosotros, sino que pondríamos en peligro a gente como Ram y Rasila. Así que a la mañana siguiente, oré específicamente por los hombres que había incendiado nuestra casa y luego nos fuimos de la aldea a otro lugar. Cuando incendiaron la casa y el edificio, pensé que la obra aquí también estaba en llamas.

—Y ¿cómo es que están aquí otra vez? —pregunto.

—Durante los siguientes años —responde Seojun— nos mantuvimos en contacto con Ram, Rasila y otras personas que habían seguido a Jesús e inauguramos aquí una iglesia. Ellos nos contaban que más personas estaban teniendo fe en Jesús y que, de formas maravillosas, Él estaba cambiando sus vidas, sus familias y la aldea.

—Hasta que un día —dice Jin— oímos hablar de un desastre natural en esta aldea que destruyó más de cien hogares. Ram y Rasila nos pidieron ayuda, así que vinimos. Movilizamos voluntarios y suministros, y por la gracia de Dios pudimos reconstruir más de cien hogares.

—¿Ahí construyeron este edificio para que se reúna la iglesia? —pregunto.

—Esa es una buena pregunta —responde Seojun—. Pero se la tendrás que hacer a él —dice señalando a un hombre en el otro lado que sabemos que se llama Bishal.

Desde las cenizas

Bishal parece el de más edad, el más serio y más fuerte de la habitación, sin embargo, en su rostro se dibuja una sonrisa inocente. Esa sonrisa pronto desaparece y se pone serio al contar su historia.

—Yo era un militante tribal —dice Bishal—. Mi trabajo era proteger las aldeas circunvecinas de las fuerzas externas. Eso incluía protegerla de los cristianos.

Sabiendo la hostilidad contra los creyentes, pienso: "Este hombre debe tener una historia".

—Pensaba que los cristianos eran espías que querían venir a nuestras aldeas a arruinar nuestra cultura —continúa Bishal—. Hace años, cuando descubríamos algún cristiano, mi comandante me pedía que llevara a mis hombres y les dejara claro que necesitaban irse de inmediato o los mataríamos. Así que una noche, reuní a mis hombres tomamos las armas y algunas antorchas y fuimos a una casa.

Mi vista gira hacia Seojun y Jin. Vuelvo a mirar a Bishal:

—¿Tú fuiste el que golpeó su puerta esa noche? —pregunto.

Bishal asiente con la cabeza.

—Puse un arma en la cabeza de Seojun y le dije que no volviera nunca. Luego quemé su casa y el edificio que estaba al lado.

Mientras escucho, recuerdo lo que Jin dijo que hicieron a la mañana siguiente antes de partir: oraron por los hombres que los amenazaron y quemaron su casa.

—Durante años, eché a los cristianos e intenté tener controlada y tranquila a gente como Ram y Rasila —dice Bishal—. Pero luego nos golpeó el desastre natural y en cuestión de días esos cristianos a los que había amenazado estaban aquí, queriendo ayudar a reconstruir nuestros hogares. No sabía qué pensar, pero no quería rechazar su ayuda. Durante los meses siguientes, nos trajeron comida y provisiones, y juntos reconstruimos todos los hogares destruidos.

Ahora las sonrisas surgen por toda la habitación y Bishal dice:
—Ahí sucedió el verdadero milagro y me convertí en un seguidor de Jesús. En ese mismo momento ofrecí mi terreno para construir este edificio para que se reúna la iglesia.

Bishal me mira y dice:
—No ha sido fácil. Los otros militantes, junto con mi comandante, me tildaron de traidor y perdí muchas tierras. Pero ha valido la pena. Mi vida, mi familia y esta aldea han sido transformados por el amor de Dios por medio de estas dos parejas que están aquí —dice mirando a Seojun y Jin y a Ram y Rasil, que están a su lado.

Me quedo sin palabras y permanezco así mientras Ram y Rasila cuentan que no solo han plantado una iglesia en esta aldea, sino que han enviado misioneros a plantar iglesias en otras aldeas. Ahora son parte de una red de iglesias en esta región que comparte el evangelio y planta nuevas iglesias, incluso en medio de personas de diferentes idiomas.

Después de todo, la obra que comenzaron Seojun y Jin no se quemó.

Trabajo duro

Los líderes de esta habitación son de la red de iglesias de esta zona. A medida que el día avanza, oímos historias de lo que Dios está haciendo y los desafíos que enfrenta la Iglesia.

Una mujer llamada Nisu cuenta que ella y su esposo plantaron una iglesia en una aldea remota donde las personas no tienen una lengua escrita. Así que comenzaron a trabajar con los aldeanos para crear un sistema y lenguaje escrito para su pueblo. Muchas personas estaban muy contentas por eso, pero al poco tiempo de comenzar el proyecto, uno de los líderes de la aldea los reunió y les dijo: "El único motivo por el que estos cristianos quieren crear un sistema de escritura es para poder traducir la Biblia y nosotros no queremos la Biblia, así que esto debe terminar".

Convencieron a mucha gente de que tener un lenguaje escrito sería malo, así que ahora los aldeanos quieren detener la creación de la escritura.

Un hombre llamado Sai cuenta que la iglesia que pastorea ha intentado plantar una iglesia en una aldea en particular en los últimos diez años, pero siempre que alguien comienza a mostrar interés en el evangelio, ocurre algo malo en ese lugar. Mientras cuenta todos los intentos fallidos, Aaron se inclina y susurra:

—Este es el motivo por el que los que se mudan aquí no lo logran. Es un trabajo muy difícil y no se logra de la noche a la mañana. Lo que se necesita es gente dispuesta a trabajar duro durante diez o veinte años hasta que se logra algo. Pero muchos cristianos, y la mayoría de las Iglesias norteamericanas que los envían, no están dispuestos a resistir tanto tiempo.

Sé que tiene razón, lo que es preocupante. Me pregunto si yo estaría dispuesto a resistirlo.

Finalmente, un hombre llamado Bibek cuenta las necesidades físicas extremas que hay en el lugar donde pastorea. Su aldea está tan alejada que es muy difícil conseguir suministros básicos y, hasta que él llegó, nadie de la aldea había oído el evangelio. Ahora hay una pequeña reunión de la iglesia y los miembros se preocupan unos por otros. Él quiere aprender la mejor forma de amarlos y guiarlos.

—¿Qué tan lejana es tu aldea? —le pregunto.

—Muy lejana —responde Bibek, mientras los demás sonríen.

—Pregúntale cuánto tiempo le tomó llegar a esta reunión desde su aldea —me dice Ram.

—¿Cuánto tardaste? —le pregunto.

—Casi tres semanas.

La Iglesia que Dios diseñó

¿Qué le digo a estos líderes que han viajado (al menos uno) por semanas para reunirnos aquí? Me siento pequeño ante este desafío y oportunidad. Aaron me había pedido que durante la tarde y la noche enseñara lo que dice la Palabra de Dios acerca de la Iglesia. Así que eso es lo que hago.

Durante las siguientes horas, estudiamos todas las imágenes y los pasajes de la Biblia que hablan de la Iglesia que Dios diseñó. Mientras enseño y debatimos entre todos lo que vemos en la Palabra de Dios, comprendo dos cosas nuevas que me sorprenden.

Primero, observando en la Biblia cómo diseñó Dios la Iglesia: eso es exactamente lo que necesitamos hacer. Como pensaba hace unos días, estas aldeas necesitan la Iglesia en ellas, pero no necesitan la versión estadounidense de la Iglesia, sino la versión bíblica.

Mientras avanzo en la Palabra con estos líderes, me doy cuenta de que muchas de mis conversaciones en casa acerca de la Iglesia siempre se enfocan en las tradiciones culturales que son ajenas a la Biblia, en el mejor de los casos, y para nada bíblicas, en el peor.

Por ejemplo, mientras leo la Biblia con estos hermanos y hermanas no vemos nada sobre construir edificios, organizar programas o dirigir al personal de la iglesia, que son algunos de los temas presentes en muchas conversaciones de la Iglesia en mi país. Eso me trae esta pregunta: "¿Por qué las Iglesias que creen y predican la Biblia se enfocan tanto en lo que no está en la Biblia?". Mientras me hago esta pregunta, no puedo evitar pensar que una de las mayores necesidades, no solo en la Iglesia del Himalaya, sino en el lugar donde vivo, es que abramos nuestras Biblias con una mirada nueva y sin filtros y nos preguntemos: "¿Estamos siendo la Iglesia que este libro describe?".

Esto me lleva a un segundo descubrimiento, que me trae de vuelta a Lucas 14. Si ser cristiano significa pagar el costo y dejar mi vida, mis posesiones, mis planes y mis sueños para seguir a Jesús a donde me guíe, entonces ser Iglesia es reunirse con personas que han pagado ese costo y han dejado sus vidas de esta manera. Eso es exactamente lo que veo en este lugar.

Ni una sola persona de aquí tiene la ilusión de que seguir a Cristo es fácil. Nadie está aquí porque es culturalmente aceptable ser cristiano, ni porque es la forma más cómoda de vivir.

Aquí estoy hablando con personas que quieren seguir completamente a Jesús y saben que eso significa hacer sacrificios, cosas difíciles y atravesar situaciones difíciles (hasta peligrosas) para compartir el amor de Dios. Con nuestras Biblias abiertas, recuerdo que, bueno, esta es la Iglesia que Dios diseñó.

Cuando me acuesto en mi saco de dormir, ya es pasada la medianoche. Estoy físicamente agotado, pero espiritualmente eufórico. Antes de cerrar los ojos, escribo lo siguiente:

Después del tiempo con Alisha, Ram, Rasila, Seojun, Jin, Bishal, Nisu, Kiran y Bibek, estoy aún más convencido: la Iglesia puede cambiar el mundo. Solo si hacemos Iglesia correctamente, como dice la Palabra de Dios, no con nuestras formas, ideas, tendencias o tradiciones. Solo si pagamos el costo como cristianos y nos convertimos en la Iglesia que Dios nos ha llamado a ser.

REFLEXIONES

¿Cuánto te está costando seguir a Cristo en tu vida ahora mismo? ¿Qué pasos de obediencia a Jesús harían que seguirlo fuera aún más costoso?

_____

_____

_____

_____

¿Por qué crees que tantas iglesias en Estados Unidos que creen en la Biblia y la predican están tan concentrados en lo que no está en la Biblia? ¿Cómo podrías ser parte de un cambio en este aspecto?

_____

_____

_____

_____

Día 7. **Tazas rotas, luz brillante**

Buscar a *Uno*

Hoy es el último día del viaje. Aaron nos dijo que, a medida que llegaramos a una altitud más baja, se pondría más cálido, y así fue. Dormí con el saco abierto la noche entera, y no creo ni siquiera que vaya a necesitar hoy un abrigo. Es asombrosa la diferencia que representan unos pocos miles de pies en la montaña.

Abro mi Biblia y regreso a Lucas.

Lucas 15:

Muchos recaudadores de impuestos y pecadores se acercaban a Jesús para oírlo, de modo que los fariseos y los maestros de la ley se pusieron a murmurar: "Este hombre recibe a los pecadores y come con ellos".

Él entonces les contó esta parábola: "Supongamos que uno de ustedes tiene cien ovejas y pierde una de ellas. ¿No deja las noventa y nueve en el campo, y va en busca de la oveja perdida hasta encontrarla? Y, cuando la encuentra, lleno de alegría la carga en los hombros y vuelve a la casa. Al llegar, reúne a sus amigos y vecinos, y les dice: «Alégrense conmigo; ya encontré la oveja que se me había perdido». Les digo que así es también en el cielo: habrá más alegría por un solo pecador que se arrepienta que por noventa y nueve justos que no necesitan arrepentirse.

»O supongamos que una mujer tiene diez monedas de plata y pierde una. ¿No enciende una lámpara, barre la casa y busca con cuidado hasta encontrarla? Y, cuando la encuentra, reúne a sus amigas y vecinas, y les dice: «Alégrense conmigo; ya encontré la moneda que se me había perdido». Les digo que asimismo se alegra Dios con sus ángeles por un pecador que se arrepiente.

»Un hombre tenía dos hijos —continuó Jesús—. El menor de ellos le dijo a su padre: «Papá, dame lo que me toca de la herencia». Así que el padre repartió sus bienes entre los dos. Poco después el hijo menor juntó todo lo que tenía y se fue a un país lejano; allí vivió desenfrenadamente y derrochó su herencia.

»Cuando ya lo había gastado todo, sobrevino una gran escasez en la región, y él comenzó a pasar necesidad. Así que fue y consiguió empleo con un ciudadano de aquel país, quien lo mandó a sus campos a cuidar cerdos. Tanta hambre tenía que hubiera querido llenarse el estómago con la comida que daban a los cerdos, pero aun así nadie le daba nada. Por fin recapacitó y se dijo: «¡Cuántos jornaleros de mi padre tienen comida de sobra, y yo aquí me muero de hambre! Tengo que volver a mi padre y decirle: Papá, he pecado contra el cielo y contra ti. Ya no merezco que se me llame tu hijo; trátame como si fuera uno de tus jornaleros». Así que emprendió el viaje y se fue a su padre.

»Todavía estaba lejos cuando su padre lo vio y se compadeció de él; salió corriendo a su encuentro, lo abrazó y lo besó. El joven le dijo: «Papá, he pecado contra el cielo y contra ti. Ya no merezco que se me llame tu hijo». Pero el padre ordenó a sus siervos: «¡Pronto! Traigan la mejor ropa para vestirlo. Pónganle también un anillo en el dedo y sandalias en los pies. Traigan el ternero más gordo y mátenlo para celebrar un banquete. Porque este hijo mío estaba muerto, pero ahora ha vuelto a la vida; se había perdido, pero ya lo hemos encontrado». Así que empezaron a hacer fiesta.

»Mientras tanto, el hijo mayor estaba en el campo. Al volver, cuando se acercó a la casa, oyó la música del baile. Entonces llamó a uno de los siervos y le preguntó qué pasaba. «Ha llegado tu hermano —le respondió—, y tu papá ha matado el ternero más gordo porque ha recobrado a su hijo sano y salvo». Indignado, el hermano mayor se negó a entrar. Así que su padre salió a suplicarle que lo hiciera. Pero él le contestó: «¡Fíjate cuántos años te he servido sin desobedecer jamás tus órdenes, y ni un cabrito me has dado para celebrar una fiesta con mis amigos! ¡Pero ahora llega ese hijo tuyo, que ha despilfarrado tu fortuna con prostitutas, y tú mandas matar en su honor el ternero más gordo!».

»«Hijo mío —le dijo su padre—, tú siempre estás conmigo, y todo lo que tengo es tuyo. Pero teníamos que hacer fiesta y alegrarnos, porque este hermano tuyo estaba muerto, pero ahora ha vuelto a la vida; se había perdido, pero ya lo hemos encontrado»".

A medida que leo estas tres historias, quedo impresionado por los temas en común en todas ellas. Cada historia está enfocada en *uno*.

La primera historia es acerca de *una* oveja entre cien. La segunda es acerca de *una* moneda entre diez. La tercera es acerca de *un* hijo (aunque el segundo hijo claramente también está relacionado con el significado de esa historia). En cada historia, *uno* primeramente se pierde, y luego se encuentra. Y en cada historia, hay alegría y gran celebración cuando se encuentra a ese *uno*.

El significado colectivo de estas tres historias, entonces, es claro: Dios se apasiona por encontrar a *uno*, lo cual es notable si lo piensas. Dios tiene un universo que regir, galaxias que sostener, gobiernos que reinar y alrededor de siete mil millones de personas que mantener. Aunque la Biblia no dice que el cielo se alegra por estos misterios cósmicos y realidades universales, sí ocurre algo especial en el cielo cuando Dios restaura en amor a *uno* que estaba separado de Él.

A medida que leo, me veo a mí mismo en ese *uno*, y me siento abrumado por la gracia de Dios.

Anoto en mi diario:

Señor Dios, mi Padre del Cielo, ¡gracias por buscarme! ¡Gracias por encontrarme! Gracias por encontrar a mi alma perdida y pecadora. ¡Gracias por hacerme tu hijo!

Pero no puedo detenerme allí, no después de lo que he visto esta semana. Pienso en las personas que conocí, como Kamal, Sijan y su bebé, Amir. La niña preciosa que primero sostuvo mi mano y luego me escupió. La madre, el padre y la hija de tres años que nos prepararon el té en su casa. Cada hombre y mujer llorando por los cuerpos incinerados. Cada niño jugando y riendo en la escuela que visitamos. Los pastores fieles. Dios no solo ama las multitudes, Él ama a cada uno. Y yo quiero que mi vida sea un reflejo de Él. Escribo:

Oh, Dios, haz de mi vida un reflejo de tu amor.
Tú buscas al perdido. Dejas a muchos para ir a buscar
al único. Oh, Dios, quiero que mi vida ilustre esto.
Oh, Dios, por favor, muéstrate a través de mí,
de mi familia y de mi iglesia como el Padre que busca,
que salva, que ama y que perdona. Ayúdame a
preocuparme por cada uno de los que está a mi
alrededor y ayúdame a marcharme e ir detrás
de cada uno, donde quiera que tú me guíes.

Mientras escribo estas palabras, no tengo idea de lo que Dios está por enseñarme acerca de la importancia de uno.

Más que un número

Enrollo el saco de dormir y lo guardo en la mochila por última vez (al menos en este viaje). Es difícil creer que haya pasado solo una semana, porque siento que he vivido las experiencias de un año en estos últimos días.

Mientras estoy empacando, escucho una conmoción afuera. Una voz femenina, asustada y sin aliento, pregunta por Aaron. Escucho a Aaron salir de su habitación. El resto de nosotros lo seguimos.

—¿Qué ocurre, Niyana? —pregunta Aaron.

Niyana es una de las maestras en la escuela que visitamos hace dos días. Ella se había quedado en la aldea cuando nos fuimos ayer por la mañana, pero hoy se levantó muy temprano para bajar rápido la montaña y alcanzarnos antes de que partiéramos.

—Tengo noticias horribles —dice.

Para ese momento, Alisha, que también enseña en la escuela, ha salido de su habitación y está parada junto a Niyana.

—Conoces a Pradip —dice Niyana, mirando a su compañera.

Alisha asiente, se vuelva hacia Aaron y dice:

—Es unos de los niños de la escuela, tiene cinco años. —Mira a Niyana y pregunta—: ¿Qué sucedió?

—Él estaba en la escuela hace unos días, jugando con los otros niños que estaban allí —explica Niyana. Nos mira y dice—: Ustedes lo habrán visto. Él se sentía bien, quizá un poco cansado, pero era muy atento y comprometido en la escuela. Pero fue a su casa y comenzó a sentirse mal. Esa noche tuvo diarrea y vómitos. Al día siguiente sus padres decidieron que se quedara en casa, así que no sabíamos que le sucedía algo. Aparentemente, Pradip siguió empeorando más y más, y murió ayer en la noche. —Las lágrimas ruedan por las mejillas de Niyana.

El rostro de Alisha se ve conmocionado y también comienza a llorar.

—Alisha —dice Niyana—, creí que querrías saberlo cuanto antes y así podrías regresar y estar con la familia de Pradip.

Enseguida notamos que Alisha era muy cercana a Pradip y que había establecido una fuerte relación con su familia.

—Sí —dice Alisha limpiándose las lágrimas—. Tomaré mis cosas y volveré caminando contigo enseguida —dicho eso, entra en su cuarto. La puerta se cierra y la oímos llorar.

Nos quedamos en silencio y Aaron dice suavemente:

—Niyana, ¿por qué no pensamos en algo que podamos hacer por la familia de Pradip? —Ella asiente con la cabeza y juntos se hacen a un lado para hablar.

El resto de nosotros volvemos silenciosamente a nuestras habitaciones para terminar de empacar. Mientras me quedo de pie junto a mi saco, imagino a los niños con los que jugamos hace tan solo dos días. A pesar de toda la adversidad que había visto y escuchado en estas montañas, nunca pensé que en el transcurso de treinta y seis horas uno de esos niños podría morir de una enfermedad tan repentina. Sí, había escuchado las estadísticas de Aaron de que la mitad de los niños aquí mueren antes de cumplir ocho años. Sin embargo, la frase "la mitad de los niños" no era algo concreto para mí. Era algo general y difícil de imaginar. Pero ahora no solo tengo un número, tengo un nombre: Pradip.

Como Isaías, mi niño de cinco años que está en casa.

Es más fácil digerir la pobreza observando cifras en una página. Es más fácil ignorar a los pobres cuando son una estadística. Pero todo cambia cuando pasas tiempo con uno de ellos. Todo cambia cuando pasas tiempo con uno y luego, dos días después, está muerto.

No solo están muertos, sino que mueren porque son pobres.

Cuando Isaías tiene diarrea y vómitos, tengo una cura sencilla. Le doy mucha agua potable y algún medicamento simple. Y si eso no funciona, puedo llevarlo en cualquier momento, sea de día o de noche, al doctor o al hospital para que lo atiendan. Nunca se me cruzaría la idea de que esa enfermedad pudiera ser mortal. Tal es el fruto de la riqueza y del privilegio en este mundo, que incluso la mayoría de los pobres en mi país tienen acceso a una atención médica básica.

Me siento en la cama y me pregunto: "Entonces, ¿qué debo hacer con la riqueza y el privilegio que tengo?". Ya no me es posible ignorar a los pobres y las oportunidades que tengo de ayudarlos. Tampoco puedo ser indiferente. Sé lo que se dice en Proverbios 21:13 y no podría ser más claro: "Quien cierra sus oídos al clamor del pobre llorará también sin que nadie le responda". Y basado en lo que leí en Lucas 15 esta mañana, "los pobres" no son solo un grupo de estadísticas generales y abstractas. Son personas, individuos, como el pequeño Pradip de cinco años.

La respuesta de Dios para mí será un reflejo de mi respuesta hacia personas como Pradip. Ese es un pensamiento humilde para mí (aterrador, la verdad) y para todos los cristianos que poseen alguna medida de riqueza y privilegio.

Por eso, ¿cómo debo vivir? No creo poder cambiar el sistema de atención médica para la multitud de personas que viven en esta parte del mundo, pero seguramente hay alguna forma en la que puedo ocuparme de uno de estos niños. Seguramente hay alguna forma de ocuparme de una de estas familias. A la luz de Lucas 15, lo menos que puedo hacer es amar a *uno*.

Pero incluso eso no es fácil, como descubro unos minutos después.

La silla en el camino

El desayuno es silencioso mientras se procesan las noticias de esta mañana. Alisha y Niyana toman un bocado rápido antes de que oremos por ellas y luego emprenden el camino de vuelta.

Incluso Aaron está en silencio. Él ha amado y servido a esta gente durante muchos años, pero no está insensibilizado frente a tragedias como esta. Mientras terminamos de comer, Aaron nos cuenta el plan de hoy:

—Esta mañana tenemos una caminata corta que nos llevará hasta el comienzo del sendero y allí tomaremos un autobús que nos llevará de vuelta a la ciudad. Coman algún bocadillo mientras caminan —nos aconseja—, no querrán subir a ese autobús con el estómago vacío. Si no han comido nada, estos caminos que suben, bajan y atraviesan las montañas no serán benevolentes.

De inmediato tomamos los últimos bocadillos y barras que trajimos con nosotros y los ponemos en nuestros bolsillos. Nos cargamos las mochilas al hombro y, al comenzar a caminar, admito: "Qué bueno que mañana no tendré que caminar con esta mochila en la espalda".

Poco después veo que Chris, Sigs y Aaron se detienen más adelante a hablar con algunos hombres. Uno de ellos está sentado en una silla en el camino, lo que es extraño. A medida que me acerco, oigo a Aaron y no puedo creer lo que estoy escuchando... ¡y viendo!

Uno de los hombres está explicando que Kush, el hombre de la silla, vive en la aldea de la iglesia donde adoramos hace unos pocos días. Los otros dos hombres que están con él son miembros de la iglesia. Aparentemente, hace unos días, después de trabajar en el campo, Kush regresaba a su casa y una roca grande rodó por la montaña hacia él cuando estaba en el sendero. Él saltó para salirse del camino, pero cayó por la pendiente rompiéndose al menos una pierna (tiene dolor intenso en ambas). Algunos aldeanos lo encontraron y lo ayudaron a volver al camino. Sin embargo, Kush no podía caminar y sigue sin poder hacerlo. Necesita ayuda médica de inmediato, pero, obviamente, no la hay en ningún lugar cercano.

Los miembros de la iglesia se enteraron del problema de Kush y se ofrecieron a ayudarlo a llegar a un hospital montaña abajo. Así que dos hombres consiguieron una silla de madera y una cuerda, sentaron a Kush en la silla y lo amarraron a ella. Luego, hicieron dos tiras para que la silla pudiera llevarse en los hombros, como una mochila. Mientras están explicando esto, miro a este hombre amarrado con cuerdas a la silla. Pienso: "No hay forma de que esto funcione", pero aparentemente sí la hay.

Después de que Aaron y los hombres conversan un poco más, uno de ellos se pone en cuclillas y desliza los brazos a través de las cuerdas. El segundo inclina a Kush y la silla hacia la espalda del primero y este se para, encorvado, con un hombre de ciento cincuenta libras en su espalda. Y luego comienza a caminar por el sendero... ¡con Kush a cuestas!

A esta altura ya tienes una idea de lo exigente que es caminar estos senderos con una simple mochila de veinte libras en la espalda, la cual, por cierto, está ergonómicamente diseñada para la comodidad de un caminante. El camino no solo se complica por las cornisas, que son altas, empinadas y estrechas, sino también por las rocas de todos los tamaños que hay que sortear y las ramas de los árboles que amenazan con atraparte.

Por todas estas razones, es hipnótico ver a este hombre cargar sobre su espalda a Kush en una silla. Aparentemente, los dos hombres se han turnado para cargarlo durante los últimos días. Ellos también planean tomar el autobús al comienzo del sendero para llevar a Kush a un hospital.

Creo que estoy viendo en persona lo que leí en Lucas 5 hace unos días, que cuenta cómo los amigos de un paralítico lo cargaron para llevarlo hasta Jesús. Y, mientras camino detrás de un hombre cargando a otro en su espalda, de repente mi mochila se siente más ligera.

Además, cuando pienso en lo que leí en Lucas 15 esta mañana, me doy cuenta de que, en realidad, ocuparse de ese uno no siempre es tan fácil como suena.

Encontrar a *Uno*

Mientras caminamos, la temperatura aumenta, como Aaron ya nos había advertido, y pronto estoy sudando. Hace seis días sentía tanto frío que no podía imaginarme volver a sudar. Ahora comienzo a quitarme algunas prendas para el último tramo del viaje.

El escenario también es diferente. Cuando comenzamos hace seis días, todo el terreno era blanco. Ahora, verdes exuberantes y marrones brillantes colorean el paisaje. Es hermoso de una manera totalmente nueva. Estamos siguiendo el río y caminamos de aquí para allá a través de puentes colgantes de acero. Los pisos de los puentes son de travesaños, así que se puede ver el agua que corre por debajo muy rápido. Algunos puentes son más resistentes que otros, y algunos de ellos se sacuden y balancean cuando los golpea una fuerte ráfaga de viento. Cuando eso ocurre, te pones un poco nervioso e intentas atravesarlo tan rápido como puedes.

Mientras camino, comienzo a recordar la semana. Me pregunto cómo voy a resumirle a Heather y a los niños todo lo que he vivido. Siento que cualquier intento de describirlo todo será insuficiente. Pero aun así, ya quiero verlos e intentarlo.

Hay más experiencias por vivir. Cuando nos acercamos al comienzo del sendero, Aaron nos dice que antes de subir al autobús nos detendremos en dos sitios. El primero es un centro para niños con discapacidad. Específicamente, vamos a conocer a un adolescente llamado Malkit.

Malkit, nos enteramos luego, tiene parálisis cerebral y eso le afecta la coordinación muscular, la visión, la audición, el habla y la capacidad de comer. Malkit nació en una de las aldeas por las que pasamos esta semana. Cuando tenía diez años, Nabin lo encontró encadenado en un establo.

La familia de Malkit pensó que estaba maldito y no sabía cómo cuidarlo. Por eso lo criaron con los animales en el establo. Cuando Nabin lo encontró, Malkit no sabía caminar y, como él mismo había sido encadenado en un establo, inmediatamente comenzó a trabajar para rescatar a Malkit. Con el apoyo de la familia de Malkit, Nabin y Aaron lo trajeron de la montaña y, junto a otros, le compartieron del amor de Dios. Hace poco, lo ayudaron a instalarse en este centro donde tiene las atenciones que requieren sus necesidades específicas.

Mientras entramos, Malkit sonríe de forma contagiosa al ver a Aaron y a Nabin. Está muy feliz mientras camina hacia Aaron y Nabin (sí, ¡ahora camina!) y les da a ambos un abrazo enorme. Malkit, arrastrando las palabras, nos dice lo agradecido que está con estos hombres que le compartieron y le mostraron el amor de Dios. Él también nos cuenta que disfruta mucho vivir en este lugar, los amigos que tiene y todas las cosas que es capaz de hacer, así como su terapia física y todas las actividades grupales y los juegos. Sonrío al ver a Aaron y a Nabin interactuar con Malkit. Aquí tenemos a un joven que fue encadenado en un establo, con los animales, incapaz de caminar, sin nadie que lo ayudara, pero ahora está sonriendo, caminando, jugando, abrazando y riendo. Y, lo mejor de todo, es que sabe que Dios lo ama tanto como para enviar a Jesús y que él pueda tener vida eterna.

De hecho, como en Lucas 15, hay mucho que celebrar cuando alguien que estaba perdido es encontrado.

Rescatadas por amor

Nuestra visita al centro es corta y rápidamente emprendemos nuestro camino hacia la segunda parada.

—Este es un hogar para niñas de estas aldeas que fueron vendidas a traficantes —dice Aaron—. Las rescataron de burdeles y las trajeron aquí para escolarizarlas y darles una formación profesional. Aquí también aprenden del Dios que les da esperanzas para su futuro.

Con esto, entramos a las instalaciones y me quedo pasmado.

En una habitación veo los rostros de unas chicas muy jóvenes. Al parecer tienen entre doce y catorce años, dieciséis como máximo, pero no mucho más. Al ver sus rostros, son solo niñas, pienso todo lo que han atravesado y tengo que apartar la mirada antes de perder la compostura.

En una mesa de la habitación, veo tazas de té rotas. La mujer que dirige el hogar, Liv, nos dice que esas tazas eran parte de un proyecto de arte. En una clase reciente, el grupo habló sobre ver la belleza en medio de las cosas rotas. A cada niña se le dio una tacita de cristal y se le pidió que la rompiera arrojándola al suelo. Al principio, las niñas dudaron, pero luego una a una fueron arrojando sus tazas y las observaron destrozarse en pedazos. Luego cada niña debía pegar su taza, uniendo pieza por pieza. Después, pusieron una pequeña vela dentro de la taza y la encendieron. Las grietas de esas tazas rotas permitieron que la luz de la vela brillara más. Eso llevó a una charla sobre cómo a veces podemos sentirnos rotos en nuestras vidas por lo que hemos hecho o por lo que nos han hecho, pero Dios nos arma otra vez, si se lo permitimos, y su luz de amor brilla más para que otros puedan ver, incluso a través de nuestras heridas.

Ahora, Liv nos cuenta que las niñas acaban de hacer los últimos retoques en una pintura. Miro hacia la habitación y las veo riendo con orgullo por lo que han creado juntas. Es una pintura del mundo en un lienzo celeste y blanco. Un variado despliegue de acuarelas mezcladas llena los continentes y países del mapa. En medio se encuentra un versículo de la Biblia escrito en letras negras decoradas: "QUE TE ALABEN, OH, DIOS, LOS PUEBLOS; QUE TODOS LOS PUEBLOS TE ALABEN" (Salmos 67:3). De hecho, pienso que hay mucho que celebrar cuando aquellos que estaban perdidos (incluso en los horrores del tráfico sexual) son rescatados y encontrados por el amor de Dios.

Colapso

Aaron nos dice que necesitamos alcanzar el autobús, así que salimos del hogar y retomamos nuestro camino hacia la parada. Subimos las escaleras y entramos a un autobús con asientos similares a los del que tomaba para ir a la escuela primaria.

Ya sentado, mi corazón está por explotar por lo que siento después de lo que vi en el hogar pero, desafortunadamente, las siguientes seis horas no ayudan a reflexionar. Al ver a un hombre cargar a otro en su espalda cruzando el río, visitar el centro para niños discapacitados y luego ir al hogar para niñas, me olvidé por completo de comer algo. Así que cuando el autobús se mueve, me doy cuenta de algo: "Esto no va a ser agradable". Y, de hecho, no lo fue.

Durante horas descendemos lentamente por la montaña y entre caminos angostos. En varios sitios el camino es tan angosto que solo cabe un vehículo, por ello, cuando nos encontramos con otro automóvil, nos detenemos y esperamos para asegurarnos de que ninguno de los dos caiga por la ladera. Cuanto más descendemos, más rápido va el autobús, lo que significa que estamos llegando más pronto a nuestro destino. De todos modos, eso también significa que el autobús se inclina y nos deslizamos por nuestros asientos. Me siento mareado, pero intento dormir como los demás, para pasar el rato.

Cuando llegamos a la parada principal de la ciudad, ya es de noche. Descendemos en la oscuridad con nuestras mochilas a cuestas y caminamos hacia la posada donde nos alojaremos. Estamos exhaustos, listos para trepar a una cama y dormir.

Pero a medida que caminamos por las calles con tiendas y restaurantes a ambos lados, noto que este escenario me recuerda a algo que oí en las montañas. A mi izquierda hay una tienda de ropa aparentemente normal. Justo al lado, veo lo que parece un restaurante, pero cada una de las cabinas tiene paredes y una puerta. Cuando me acerco, veo a dos jovencitas sentadas en la entrada del restaurante con la mirada perdida. Son más o menos de la misma edad de las niñas que vi esta mañana en el hogar cerca del sendero. Inmediatamente, me doy cuenta. Estoy frente a un burdel.

Alcanzo a Aaron y le pregunto:

—¿Estoy viendo lo que creo que estoy viendo?

—Sí, no sabía si ibas a notarlo.

Antes de este viaje, no hubiera sabido lo que ocurría en esta calle. Habría pensado que esto era una parte de la ciudad para la familia, donde la gente puede comprar y conseguir algo de comer. Pero ahora mis ojos ven algo completamente diferente.

Me quedo boquiabierto al caminar y mirar a mi alrededor. Veo algunas tiendas y luego un restaurante con más niñas en el frente. Luego dos tiendas más y otro restaurante. Luego otro más. Y otro más. Doblamos en una esquina y veo otro. Cruzamos a otra calle absolutamente distinta y hay otro.

Niñas jóvenes sentadas enfrente de cada restaurante. Observo uno de esos rostros y ella me mira y me sonríe. Luego, me hace señas para que me acerque y aparto la mirada horrorizado. Me siento sucio por el solo hecho de que ella crea que yo quiero usarla y abusar de ella. En medio de una mezcla muy grande de sentimientos, quiero alejarme de ella y al mismo tiempo rescatarla.

Mientras caminamos, llego a un punto en el que casi no puedo mirar lo que me rodea, no quiero ver más esto. No quiero ver estas cabinas en los restaurantes e imaginar lo que ocurre dentro. No quiero ver los rostros de esas niñas que viven siendo esclavas sexuales. Solamente quiero caminar mirando mis pies y fingir que nada de esto es real.

Finalmente, doblamos la última esquina y llegamos a la posada. Aaron nos dice que nos recogerá en la mañana para ir al aeropuerto, pero no logro escucharlo. Continúo mirando mis pies y mi mente está acelerada. Ni bien termina de hablar, entro a mi habitación sin decir una palabra. Cierro la puerta, me quito la mochila y caigo de bruces.

Y es cuando sucede. Comienzo a llorar. Lloro desconsoladamente. No puedo detenerme.

—¿Por qué, Dios? —grito—. ¡No entiendo por qué! ¿Por qué permites que esas niñas pequeñas sufran eso? ¿Por qué permites que los hombres sean tan malos? Por favor, ¡detenlo! Ahora, Dios, ¡por favor que se detenga ahora! Por favor, deshazte de esos hombres. Por favor, oh, Dios, salva a esas niñas... Por favor, ¡sálvalas! ¿Por qué no las salvas ya?

Sigo llorando y no lo entiendo. No me creo justo, sé que soy un pecador y que Dios es el único justo. Sé que Dios es recto. Pero no entiendo cómo lo que vi coincide con la rectitud y la justicia de un Dios amoroso.

Y no hablo solo por lo que vi en esos restaurantes de cabinas, sino por todo lo que he visto en las montañas en la última semana. Mientras mi rostro está junto al suelo, pasan por mi mente todas las personas que conocí. Veo el hueco en el rostro de Kamal. Veo la saliva en el mentón de esa niña. Veo niños que mañana podrían morir de diarrea. Veo más cuerpos en piras funerarias. Y en medio de un sufrimiento físico tan grande en la tierra, solo algunas de estas personas han oído acerca de la manera de llegar al cielo.

—¡Es que no lo entiendo, Dios! —lloro—. ¿Por qué, por qué, por qué? ¿O tal vez *qué*? —pregunto—. No quiero solo cuestionarte, Dios. Por eso, ¿qué me estás pidiendo que haga? Tú amas a cada una de estas personas, ¡incluso a cada una de estas niñas! Oré esta mañana para ser un reflejo de tu amor que busca, ¿qué significa eso?

A estas alturas me detengo y pienso: "¿Debo simplemente volver a las calles y llevarme a estas niñas de los restaurantes?". Pero tan pronto lo pregunto, entiendo la realidad. No tengo ni idea de adónde las llevaría. Ni siquiera puedo hablar su idioma. Recuerdo que Aaron explicó que la policía es corrupta e incluso forma parte de la red de tráfico, así que estaría firmando mi propio arresto.

"No quiero poner excusas, quiero hacer algo, pero no sé qué".

Caigo nuevamente de bruces, esta vez sobre la cama y confieso entre lágrimas:

—Oh, Dios, tengo tantas preguntas. Hay tanto que no entiendo.

Luego de una larga pausa, continúo:

—Pero voy a confiar en que tú aborreces la maldad mucho más que yo y en que amas a la gente que tiene necesidad mucho más que yo. Por eso te estoy ofreciendo mi vida, de un modo nuevo, en este momento. Oh, Dios, úsame como quieras para presentarle a ese uno tu amor del que hablas en Lucas 15. A ese hombre, mujer, niño o niña que vive en un mundo donde las necesidades espirituales y físicas son urgentes.

Mientras estoy recostado en la cama pensando acerca de las distintas personas que he visto en la última semana, a la luz de Lucas 15, me doy cuenta de algo. "Realmente solo hay una cosa peor que estar perdido; estar perdido y que nadie te esté buscando".

Con eso en mente y mi rostro sobre la almohada, me quedo dormido pensando en cada una de las personas que he conocido que, en ese momento, no tenían a nadie buscándolos.

REFLEXIONES

Imagínate a ti mismo en esa casa de huéspedes al final de esta travesía. ¿Cómo resumirías los pensamientos que rondan tu mente? ¿Cómo sintetizarías los sentimientos de tu corazón?

_____

_____

_____

_____

¿Cómo orarías expresando esos pensamientos y sentimientos?

_____

_____

_____

_____

Día 8. Algo tiene que cambiar

Las varas son altas

Me despierto con la luz del sol que entra por la ventana. Aún tengo la ropa del viaje, pero recuerdo que dejé una muda limpia aquí para el vuelo a casa. Después de asearme, me pongo la ropa limpia y me siento una persona nueva (y sinceramente, luzco y huelo como tal).

Aaron vendrá pronto a recogernos para llevarnos el aeropuerto. Abro la Biblia y el diario para tener unos minutos a solas con Dios. Lucas 16:19-31:

Había un hombre rico que se vestía lujosamente y daba espléndidos banquetes todos los días. A la puerta de su casa se tendía un mendigo llamado Lázaro, que estaba cubierto de llagas y que hubiera querido llenarse el estómago con lo que caía de la mesa del rico. Hasta los perros se acercaban y le lamían las llagas.

Resulta que murió el mendigo, y los ángeles se lo llevaron para que estuviera al lado de Abraham. También murió el rico, y lo sepultaron. En el infierno, en medio de sus tormentos, el rico levantó los ojos y vio de lejos a Abraham, y a Lázaro junto a él. Así que alzó la voz y lo llamó: "Padre Abraham, ten compasión de mí y manda a Lázaro que moje la punta del dedo en agua y me refresque la lengua, porque estoy sufriendo mucho en este fuego". Pero Abraham le contestó: "Hijo, recuerda que durante tu vida te fue muy bien, mientras que a Lázaro le fue muy mal; pero ahora a él le toca recibir consuelo aquí, y a ti, sufrir terriblemente. Además de eso, hay un gran abismo entre nosotros y ustedes, de modo que los que quieren pasar de aquí para allá no pueden, ni tampoco pueden los de allá para acá".

Él respondió: "Entonces te ruego, padre, que mandes a Lázaro a la casa de mi padre, para que advierta a mis cinco hermanos y no vengan ellos también a este lugar de tormento". Pero Abraham le contestó: "Ya tienen a Moisés y a los profetas; ¡que les hagan caso a ellos!". "No les harán caso, padre Abraham —replicó el rico—; en cambio, si se les presentara uno de entre los muertos, entonces sí se arrepentirían". Abraham le dijo: "Si no les hacen caso a Moisés y a los profetas, tampoco se convencerán aunque alguien se levante de entre los muertos".

¡Qué historia para leer después de esta semana! El contraste en el pasaje es claro: por un lado, Dios responde a las necesidades de los pobres con compasión. Esta es la única parábola que Jesús cuenta en la que alguien tiene nombre, así que ¿por qué "Lázaro"? Porque el nombre significa "aquel al que Dios ayuda". Lázaro obviamente es pobre, enfermo y lisiado, está tirado a las puertas de los ricos y allí come las sobras mientras los perros se alimentan de sus llagas. Aun así, Dios está comprometido a ayudarlo.

En toda las Escrituras, no solo en esta parábola, está claro que Dios oye el clamor de los pobres y necesitados (Job 34:28). Él los sacia (Salmos 22:26), los rescata (Salmos 35:10), les provee (Salmos 68:10), defiende sus derechos (Salmos 82:3), los levanta (Salmos 113:7) y hace justicia por ellos (Salmos 140:12). Claramente, Dios es quien ayuda al pobre, quien responde a sus necesidades con compasión. Por otra parte, Dios condena a aquellos que abandonan a los pobres. Este hombre rico no está en el infierno porque tenía riquezas, está en el infierno porque es un pecador y su corazón estuvo entregado a sus propias riquezas e ignoró a los pobres. Es más, les arrojaba las sobras. Él sabía que existían, pero no hizo nada para ayudarlos.

Y las consecuencias no podían ser peores. Esta parábola quizá sea la imagen más terrorífica del infierno a lo largo de las Escrituras y viene directo de la boca de Jesús. Los detalles son muy gráficos: un hombre atormentado por las llamas por toda la eternidad, en un lugar de tormento separado por un gran abismo que no puede cruzarse.

Ahora la Biblia es clara en que nuestro estado eterno depende de la fe en Jesús y no en cualquier obra que hagamos en su nombre. De cualquier modo, la Biblia también es clara en decir que los que tengan fe verdadera en Jesús lo demostrarán en sus obras, en especial ayudando a los necesitados (Mateo 25:31-46, Santiago 2:14-26). Así que los ricos que desprecian a los pobres evidencian la realidad de que al final no son el pueblo de Dios.

Entonces escribo en mi diario:

Oh, Dios, no quiero ser como este hombre rico. ¿Cómo debo gastar mi dinero? ¿Cómo debo gastar mi vida? ¿Qué quieres que haga? ¿Mudo mi vida y a mi familia hacia acá o debo hacer algo completamente diferente?

Mientras lidio con estas preguntas, continúo leyendo en Lucas.
Lucas 17:7-10:

> Supongamos que uno de ustedes tiene un siervo que ha estado
> arando el campo o cuidando las ovejas. Cuando el siervo re-
> gresa del campo, ¿acaso se le dice: "Ven enseguida a sentarte
> a la mesa"? ¿No se le diría más bien: "Prepárame la comida y
> cámbiate de ropa para atenderme mientras yo ceno; después
> tú podrás cenar"? ¿Acaso se le darían las gracias al siervo por
> haber hecho lo que se le mandó? Así también ustedes, cuan-
> do hayan hecho todo lo que se les ha mandado, deben decir:
> "Somos siervos inútiles; no hemos hecho más que cumplir con
> nuestro deber".

Tan pronto como leo este pasaje, caigo de rodillas, y comienzo a
anotar mi oración a la luz del versículo 10:

> *Oh, Dios, soy un sirviente reportándose al llamado*
> *hoy. Eres mi maestro. No quiero perderme las*
> *oportunidades de mi vida. Solo quiero responder a mi*
> *llamado. Oh, Dios, yo solo quiero llegar al final y*
> *decir: "Soy un siervo inútil; solo he cumplido*
> *con lo que era mi obligación".*

Mientras estoy escribiendo y orando, antes de terminar de leer este
capítulo en Lucas 17, alguien golpea mi puerta. Aaron está parado allí
sosteniendo un paquete tubular que parece tener dentro un póster.

—Buenos días —saluda, y respondo del mismo modo—. Ya
casi es la hora de irse, pero mientras empacas tus cosas, quería darte
esto para que lo guardes en tu mochila —dice sosteniendo el paquete tubular delante mío.

—¿Qué es?

—Ábrelo más tarde. Además, ya debemos irnos. ¿Estás listo?

—Seguro —digo mientras guardo el tubo. Minutos más tarde, me uno a los demás y luego de acomodar nuestras mochilas en la camioneta, nos dirigimos al aeropuerto.

Cansado de hablar

De camino al aeropuerto, voy sentado junto a Aaron, que va conduciendo. Le pregunto:

—Aaron, ¿no eras pastor de una iglesia antes de mudarte aquí?

—Así es.

—Y eso fue después de que vinieras de excursión por primera vez, ¿verdad?

—Sí. Cuando volví de la montaña luego de encontrarme con ese traficante, decidí que iba a hacer todo lo posible por difundir el evangelio y mostrar la gracia de Dios en estas montañas. Pero no me trasladé aquí inmediatamente. En lugar de eso, serví como pastor, movilizando a la gente para que trabajara aquí. A lo largo del camino comencé a formar un equipo, con gente de este país y de iglesias de otros países.

—Interesante —digo, mientras pienso en mi propio deseo como pastor de movilizar gente para que trabaje en distintas partes del mundo—. Y ¿qué hizo que decidieras dejar de pastorear una iglesia para mudarte aquí con tu familia?

Aaron sonríe y hace una pausa. Puedo decir que duda en responder, casi como si no quisiera decir lo que está pensando. Así que le pregunto nuevamente:

—¿Por qué lo hiciste?

—¿Realmente quieres saber?

—Ya te he preguntado dos veces —digo riendo—. Sí, ¡de verdad quiero saber!

—Me cansé de hablar —sonríe.

Ahora entiendo por qué dudó en responder, Aaron no quería ofenderme. Soy un pastor... que habla mucho.

—Sentía que estaba *hablando* más acerca del ministerio en medio de necesidades físicas y espirituales urgentes —dice Aaron—, que *haciendo* ministerio en medio de esas necesidades. Y decidí que *eso* tenía que cambiar.

Vivir con urgencia

Así llegamos al aeropuerto. Aaron nos da instrucciones para ir al mostrador y a migración para tomar el vuelo a tiempo. Mientras nos da un apretón de manos a cada uno, me doy cuenta de que, en el trascurso de una semana inolvidable, Aaron se ha vuelto un buen amigo.

—Gracias, Aaron, por invitarme ..., por invitarnos aquí —le digo. Y como estoy considerando mudarme aquí algún día, digo—: No sé bien cómo, pero puedes contar conmigo, y con los demás, para ser parte de esta obra en los días que vienen.

Él me sonríe, nos abrazamos y nos deja en la terminal.

Luego de una fila tras otra, Chris, Sigs y yo llegamos a la puerta de abordaje. El aeropuerto es viejo y está un poco descuidado. No hay muchos lugares por los que caminar, así que encontramos unos asientos no muy cómodos para sentarnos durante unos minutos antes de abordar. Tomo mi Biblia y mi diario para terminar de leer Lucas 17. Allí leo estas palabras que Jesús dijo.

Lucas 17:22-36:

A sus discípulos les dijo:

—Llegará el tiempo en que ustedes anhelarán vivir siquiera uno de los días del Hijo del hombre, pero no podrán. Les dirán:

"¡Mírenlo allá! ¡Mírenlo acá!" No vayan; no los sigan. Porque en su día el Hijo del hombre será como el relámpago que fulgura e ilumina el cielo de un extremo al otro. Pero antes él tiene que sufrir muchas cosas y ser rechazado por esta generación.

»Tal como sucedió en tiempos de Noé, así también será cuando venga el Hijo del hombre. Comían, bebían, y se casaban y daban en casamiento, hasta el día en que Noé entró en el arca; entonces llegó el diluvio y los destruyó a todos.

»Lo mismo sucedió en tiempos de Lot: comían y bebían, compraban y vendían, sembraban y edificaban. Pero, el día en que Lot salió de Sodoma, llovió del cielo fuego y azufre y acabó con todos.

»Así será el día en que se manifieste el Hijo del hombre. En aquel día, el que esté en la azotea y tenga sus cosas dentro de la casa, que no baje a buscarlas. Así mismo el que esté en el campo, que no regrese por lo que haya dejado atrás. ¡Acuérdense de la esposa de Lot! El que procure conservar su vida la perderá; y el que la pierda la conservará. Les digo que en aquella noche estarán dos personas en una misma cama: una será llevada y la otra será dejada. Dos mujeres estarán moliendo juntas: una será llevada y la otra será dejada.

El asunto de este pasaje es simple. Jesús está diciendo a sus discípulos que su regreso será repentino y sorpresivo. Puede ocurrir en cualquier momento. Mientras estoy sentado en el aeropuerto, me doy cuenta de que Jesús podría regresar justo ahora o podría regresar dentro de una hora cuando esté en el avión. Él podría regresar antes de que yo llegue a casa. Este podría ser mi último día. Y eso significa que hoy necesito vivir con urgencia por lo que importa para siempre.

Así que anoto:

Oh, ¡cuánta urgencia! Este podría ser el día
en el que Jesús vuelva. O mañana. O el día siguiente.
No tengo tiempo que perder. Oh, Dios, por favor,
ayúdame a no malgastar el día de hoy. Quiero vivir
con urgencia mientras tenga vida.

Sin embargo, incluso aunque escribo esto, entiendo el peligro que tengo frente a mí cuando estoy por abordar el avión, porque sé que no me preocupo mucho por eso, puedo regresar a casa y, en lugar de vivir con urgencia, fácilmente caer en la comodidad. Pero la gente como Kamal, las niñas vendidas y la gente a punto de ser puesta en piras funerarias no necesitan mi comodidad. No necesitan que yo y otros cristianos vivamos esperando que alguien más algún día haga algo por sus necesidades físicas y espirituales. Ellos necesitan que yo y otros cristianos vivamos como si este fuese el último día.

El avión está a punto de llegar. Mientras pongo a un lado mi Biblia y mi diario, Chris pregunta:

—David, ¿cómo resumirías la enseñanza de este viaje?

No tengo que pensar mucho para responder. Sé exactamente lo que Dios me ha dicho a través de su Palabra durante esta semana.

—Algo tiene que cambiar —digo—. En mi vida, en nuestras familias, en la Iglesia. No sé exactamente lo que eso significa, pero solo sé que no puedo, y no podemos, continuar con esta tarea como hasta ahora.

»Algo tiene que cambiar ahora.

REFLEXIONES

En tu propia vida, ¿en cuáles aspectos eres más propenso a "hablar" que a "actuar" al vivir el evangelio?

Mientras nos preparamos para pensar en aquello que necesitamos cambiar, ¿cuáles son las mayores trabas para que ocurra un cambio potencial en tu vida? ¿Cuáles son los obstáculos más importantes que te impiden vivir comprendiendo la urgencia de aquellos que están necesitados a tu alrededor, así como también en todo el mundo?

¿Y ahora?

Que te alaben, oh Dios, los pueblos; que todos los pueblos te alaben.

Salmos 67:3

Así que, ¿qué tiene que cambiar? Supongo que no sé cuál es la respuesta a esa pregunta para ti. Mi primer objetivo en compartir este viaje ha sido llevarte, junto conmigo, a hacerte esa pregunta. Llevarte a sentir las necesidades urgentes que hay en el mundo que nos rodea, espero que de una forma nueva, y a creer que Jesús es la mayor esperanza en medio de estas necesidades, sin importar todas las dudas que puedas tener. Además, espero que te des cuenta de que Dios tiene pensado un papel específico para ti, para que a través de tu vida difundas su esperanza en medio de las situaciones más desesperadas del mundo.

Uno de los peligros de estos viajes es que podemos experimentar diversas emociones e incluso comprometernos, pero a unas semanas de haber vuelto, nuestras vidas vuelven a ser lo mismo que antes.

Obviamente, este ha sido un libro y no un viaje, pero me pregunto si no está en juego el mismo peligro. Realmente, creo que este libro no cumple su objetivo si tu vida termina siendo igual que antes de leerlo.

He pensado mucho acerca de Proverbios 24:11-12 desde nuestro primer encuentro cara a cara con los Himalayas. Dios dice:

> Rescata a los que van rumbo a la muerte;
> detén a los que a tumbos avanzan al suplicio.
> Pues aunque digas, "Yo no lo sabía",
> ¿no habrá de darse cuenta el que pesa los corazones?
> ¿No habrá de saberlo el que vigila tu vida?
> ¡Él le paga a cada uno según sus acciones!

Estos versículos de las Escrituras dejan claro que tú y yo debemos rendirle cuentas a Dios por lo que sabemos. Tengo que rendir cuentas por lo que he visto en esas montañas y, ahora que has leído este libro, debes rendir cuentas tú también. Si tú y yo sabemos que la gente está sufriendo física y espiritualmente de esta forma, entonces debemos rendir cuentas ante Dios por lo que hacemos (o no) en respuesta.

Mi viaje

Cuando regresé a los Estados Unidos, Heather y mis hijos me recibieron en el aeropuerto y fuimos a casa juntos. Era tarde, así que acosté a los niños, un momento simple y conmovedor para mí teniendo en cuenta lo que había visto en la vida de los niños durante la última semana. Mientras tanto, Heather me rogaba que le contara todos los detalles del viaje. Por lo remoto de esas montañas, no estuvimos muy comunicados durante el transcurso del viaje. Eso significa que ella no sabía con lo que estuve luchando, ni sobre la posibilidad de mudarnos al extranjero.

Sabía que estaría cansado por el cambio de horario, así que mi plan era esperar a la mañana siguiente para sentarme con Heather y compartirle todo lo que había pasado. Sabía que esta podría ser una conversación profunda, así que quería estar bien descansado.

Pero Heather no lo creía así, ella quería los detalles ya. Así que nos recostamos en la cama y, hojeando mi diario, le conté diferentes historias. Estaba luchando por mantenerme despierto mientras ella me hacía preguntas. Entonces cuando llegamos al punto donde yo había escrito que quizá Dios estaba guiando a nuestra familia al otro lado del océano, hubo una larga pausa en nuestra conversación. Por supuesto, ella estaba procesando estas noticias. Desafortunadamente, en esa pausa me quedé profundamente dormido.

Imagínate la escena: acabo de decirle a mi esposa que podríamos mudarnos al Himalaya y ella está impactada. Mientras, yo me desvanezco en un sueño muy profundo y comienzo a roncar.

No hace falta decir que a la mañana siguiente lo primero que hizo Heather fue despertarme y decirme:

—¡Debemos retomar la conversación de anoche!

Casi inmediatamente, comenzamos a explorar la posibilidad de mudarnos. Al mismo tiempo, una agencia misionera internacional (la Junta de Misiones Internacionales, o IMB por sus siglas en inglés) se puso en contacto conmigo para que fuera el líder de dicha organización. La IMB representa a miles de iglesias que juntan colectivamente el dinero colectado para sostener financieramente a miles de misioneros que sirven alrededor del mundo en los países menos alcanzados por el evangelio. Al principio no quería hablar con la IMB, pero luego tuve que preguntarme: "¿Por qué sería capaz de considerar mudarme al extranjero, pero no de considerar una posición para guiar y movilizar a multitudes de personas para que lo hagan?".

Además, en medio de todo esto, amaba a la gente de la iglesia que estaba pastoreando en ese tiempo y no podía imaginar dejarlos. Así que, diariamente, me postré sobre mi rostro delante del Señor, y oré: "Dios, haré lo que quieras que haga con lo que me has dado". Después de meses de ayuno y oración a solas, con Heather y con los pastores de nuestra iglesia, Dios guio a la IMB de forma muy clara y serví allí durante los siguientes cuatro años.

Sin embargo, esa oración de rendición continuó de manera regular. Ahora viviendo en Richmond, Virginia, como presidente de la IMB, acepté una invitación para enseñar la Palabra de Dios en el área metropolitana de Washington, D. C., en la Iglesia Bíblica McLean. A través de una serie de circunstancias imprevistas y eventos inexplicables, Dios clara e inequívocamente me guio a comenzar a pastorear esta iglesia de esta ciudad global donde tantas naciones están representadas y desde la cual tanta gente se va a trabajar a otros países. Pastorear esta iglesia en una misión en el mundo y al final requirió que me hiciera a un lado de mi rol en la IMB.

Como pastor, ahora estoy soñando, planeando y trabajando con hermanos y hermanas de cientos de naciones diferentes en nuestra iglesia para difundir el evangelio y la gloria de Dios alrededor del mundo, empezando por Washington D.C. Además, he trabajado junto con Chris (el amigo que me acompañó en el viaje) y algunas otras personas para crear un ministerio global y una plataforma de donación destinada a movilizar recursos en la Iglesia para la difusión del evangelio en medio de las necesidades más urgentes del mundo. Mientras trabajamos juntos, estoy verdaderamente más feliz que nunca por las posibilidades que tenemos por delante. Aun así, usando las palabras de Aaron, lo último que quiero hacer como pastor es hablar sobre el ministerio entre los necesitados, ¡quiero hacer esa clase de ministerio! Y sigo preguntándome si algún día Dios me guiará en un viaje de ida a otra parte del mundo.

Tu viaje

La razón por la cual comparto todo esto no es para sugerirte que tu camino debe ser como el mío. De hecho, el asunto es que no lo sea. Dios no está llamando a cada persona a liderar organizaciones misioneras, pastorear una iglesia o a convertirse en misionero en otro país. Por supuesto que está llamando a algunos de nosotros a hacer esas cosas, y he orado para que Dios use este libro para atraer a muchas personas en esa dirección. Pero el llamado de Dios no es solo para el que es líder, para el pastor o el misionero. El llamado de Dios es para cada uno de nosotros. Ya seas un maestro o un experto en truchas, un empresario o un padre que se queda en la casa, un estudiante o un jubilado, Dios te ha creado para que juegues un papel importante en un mundo de necesidades urgentes.

Así que no subestimes el papel que Dios te ha asignado, comenzando por el lugar donde vives. Date cuenta de que Dios te tiene donde estás por una razón. No vives en tu ciudad o perteneces a una comunidad por accidente. El trabajo o la escuela a los cuales asistes, tu vecindario o el edificio donde vives, y los dones, habilidades y recursos que posees son todo parte de un plan divino. Dios, soberanamente, te ha dado oportunidades únicas para que difundas la esperanza del evangelio en el mundo que te rodea.

No conozco las necesidades físicas y espirituales más urgentes que hay en tu entorno cercano, pero Dios sí. Así que pregúntale: "¿Dónde están los pobres, los oprimidos, los huérfanos, los esclavizados y los perdidos a mi alrededor?". Luego debes saber que Dios ama tanto a esos hombres, mujeres y niños que te ha puesto cerca de ellos. Él quiere que la esperanza de Jesús sea difundida, compartida y disfrutada con ellos a través de tu vida.

Entonces, comprende que tu vida prodría tener un impacto en lugares completamente alejados de donde vives hoy. Préstales atención a las oportunidades que se te presentan para usar tu tiempo, tu dinero y tus talentos en la difusión del evangelio a lugares adonde aún no ha llegado y de servir a esas personas que necesitan ver y sentir desesperadamente el amor de Dios cara a cara. Piensa de nuevo en las historias que compartí del viaje, de las oportunidades que hay para estudiantes, profesionales y retirados para hacer uso de sus dones, habilidades y experiencias únicas en la tarea de expandir el mensaje del evangelio frente a las necesidades urgentes del mundo. Luego piensa en tu vida. ¿Qué oportunidades únicas tendrías de hacer tu parte en el gran plan de Dios de mostrar su amor al mundo?

El desafío

Ante las necesidades urgentes que nos rodean y las vastas oportunidades que tenemos por delante, quiero concluir este libro con un desafío. El objetivo es ayudarte a discernir qué necesitas cambiar en tu vida, tu familia, tu iglesia o tu futuro como resultado del viaje que hemos emprendido. El desafío que te propongo consta de cuatro retos, que son los mismos que me planteo a mí mismo.

1. Trabajemos duro para ayudar bien en medio del sufrimiento terrenal

Cada palabra en este desafío específico es importante. Empezaremos por el final.

Cuando uso el término "sufrimiento terrenal", me refiero primeramente a todas las clases de sufrimiento que la gente está experimentando ahora en el mundo. Si vemos nuestro viaje, piensa en Kamal sin un ojo y su falta de acceso a la asistencia médica, piensa en las aldeas en donde los niños y sus padres se están muriendo de cólera por la falta de agua potable, en los niños con necesidades especiales encadenados fuera de sus casas o en las preciosas niñas esclavizadas y vendidas para su explotación sexual.

El mundo que nos rodea está lleno de sufrimiento terrenal. En la ciudad donde vivo, y en cada ciudad en el mundo a la que he viajado, he visto toda clase de sufrimiento. Hace poco regresé de Tailandia, donde trabajé junto a hermanas y hermanos en ministerios de tráfico de personas. No mucho después, estaba en apartamentos y hogares en Washington, D. C., donde las familias luchan con necesidades físicas graves. Serví en un ministerio en nuestra iglesia para niños (y familias) con necesidades especiales. A la semana siguiente, me encontré viajando a Etiopía y Uganda, apoyando el trabajo con huérfanos y refugiados. Desafortunadamente, las oportunidades de ayudar en medio del sufrimiento terrenal no son difíciles de encontrar para ninguno de nosotros dondequiera que vivamos y trabajemos.

El riesgo, de todas maneras, es que fácilmente podemos hacer la vista gorda y prestar oídos sordos a estas oportunidades. Si no somos cuidadosos, podemos aislarnos del sufrimiento más terrible que haya a nuestro alrededor. Podemos protegernos en nuestros hogares, concentrarnos en las ocupaciones de la vida, la escuela, el trabajo y nunca comprometernos a ser las manos y los pies de Cristo para los más necesitados de nuestro entorno.

Así que "ayudemos bien" en medio del sufrimiento terrenal. Mi objetivo de enfatizar la palabra *bien* es reconocer que si no somos cuidadosos, incluso en nuestros intentos de *ayudar*, podemos herir a quienes intentamos socorrer; solo piensa en los ejemplos que mencioné antes.

Hay situaciones familiares en algunas partes del mundo donde los padres envían a sus hijos a orfanatos porque no tienen los medios económicos para alimentarlos. ¿No sería útil explorar soluciones para aliviar la pobreza de tantos padres y que puedan quedarse con sus hijos?

Asimismo, los hombres y mujeres con los que estuve trabajando en Tailandia están explorando las formas más adecuadas de rescatar a una niña que ha sido vendida como esclava, y a su vez evitar que cientos de niñas como esa sean vendidas, en primer lugar. Es nuestro deber ayudar bien a esas niñas, o a los niños y hombres que, como ellas, son vendidos como esclavos en la industria pesquera en Tailandia. Por último, "trabajar duro" para ese fin. Si queremos hacer una diferencia entre los necesitados que nos rodean, no nos será fácil. Esto requiere un compromiso real. Si no tenemos cuidado, podemos auxiliar a los necesitados con un servicio de corto alcance o con una ayuda rápida, solo para darnos una palmadita y seguir adelante. Esto no es lo que nos pide el evangelio. Nosotros celebramos e imitamos a un rey que "no vino para que le sirvan, sino para servir y para dar su vida para rescatar a muchos". Él "se hizo obediente hasta la muerte, y muerte de cruz".

Por eso, no nos engañemos a nosotros mismos pensando que hay soluciones fáciles para el sufrimiento terrenal. Pienso en Aaron en el Himalaya. Él ha pasado años atendiendo las necesidades urgentes en esas montañas. Se ha encontrado con una adversidad tras otra, pero aun así, ha perseverado y trabajado duro para ayudar bien entre tanto sufrimiento terrenal. Ya que no todos trabajaremos a esa misma escala, sí hagámoslo con la misma decisión.

Entonces, ¿dónde y cómo podemos "trabajar duro" para "ayudar bien" en medio del sufrimiento terrenal? Cuando respondas esta pregunta, tanto interiormente como en la práctica, pasa al segundo reto.

2. Trabajemos más duro para evitar que las personas tengan un sufrimiento eterno

El contraste entre sufrimiento *eterno* y sufrimiento *terrenal* en el desafío anterior es intencionado. Así también el contraste entre *más duro* y *duro*.

Aquí hago una distinción entre los tipos de sufrimiento que la gente experimenta en este mundo y el sufrimiento eterno que la gente sin Cristo experimenta más allá de este mundo. Uno supone distintos tipos de miseria, el otro implica la miseria más extrema (la condenación). Uno dura una cantidad de años limitada, el otro dura para siempre.

Esta es, sin duda, la realidad más difícil de creer y de entender. Pero es una realidad que la Biblia no nos deja descreer o ignorar. Por lo tanto, aquí solo tiene sentido trabajar "más duro".

Te desafío a que trabajes más duro para compartir el evangelio; para compartir el mensaje de la santidad de Dios, nuestro pecado, la vida única de Jesús, su muerte y resurrección; y la necesidad urgente de la gente de confiar en Él como Señor y Salvador para tener vida eterna. El evangelio es la mejor noticia del mundo frente a las necesidades que hay en él y por eso debemos trabajar más duro para darlo a conocer.

Trabajar para proveer agua potable, para construir clínicas, cuidar a los huérfanos, rescatar a los esclavos y todo tipo de sufrimiento terrenal es muy importante. Aunque el ministerio que se encarga del sufrimiento eterno es mucho más importante. Como hemos visto, ningún filtro de agua, ni programa de alimentación, ni clínica, ni operación rescate de esclavos va a llevar a alguien al cielo. Por sobre estas necesidades físicas está la necesidad de reconciliarse con Dios, y esa necesidad solo puede suplirse cuando se proclama el evangelio.

Eso no significa que debamos ayudar solo a los que creen en el evangelio en medio del sufrimiento terrenal. Por el contrario, deseamos que esta ayuda, con el tiempo, permita que el mensaje del evangelio brille más. Además, creemos que cuando alguien abraza el evangelio, el corazón se transforma y comienza la Iglesia, allanando el camino para todo tipo de ministerios mayores que aborden los sufrimientos terrenales.

Eso justamente nos lleva al siguiente desafío, pero antes de continuar, permíteme hacer una pausa para señalar lo que espero que sea obvio. Tienes oportunidades de suplir las necesidades más grandes del mundo justo en este momento. Hoy. Estás rodeado de personas que están separadas de Dios y van camino al sufrimiento eterno. ¡Y tú tienes el antídoto para este problema! Así que encuentra a alguien hoy, ahora, y comparte el evangelio con él. Comprométete a hacer esto todos los días en el lugar donde vives.

Sin importar a dónde te lleve Dios. Deseo que esa excursión a través del Himalaya te haya abierto los ojos de una forma nueva y veas la realidad de que mucha gente en el mundo conoce muy poco o nada del evangelio. Muchos ni siquiera han escuchado el nombre de Jesús. Te insto a que consideres cómo puedes cumplir tu papel de llevarles el evangelio con tu vida, tu familia y tu iglesia. Piénsalo de esta forma: ¿Cómo quisieras que viviera una persona del otro lado del mundo si estuvieras en un camino que guía al infierno eterno y nunca nadie te hubiera dicho cómo puedes ir al cielo? Responde esa pregunta y luego vive de acuerdo a eso.

3. Seamos la Iglesia que Dios nos llama a ser

El cristianismo prioriza a la comunidad, y ningún cristiano sigue a Jesús aislado de los demás. Por tanto, esta tercera parte del desafío tiene que ver con nuestras vidas en las iglesias a las que pertenecemos. El propósito de una iglesia local es ser una muestra del amor de Cristo en una comunidad y enviar a los miembros a difundir la esperanza fuera de esta. La idea es bastante simple cuando la analizas.

Sin embargo, como vimos a lo largo de mi viaje, podemos muy fácilmente convertir la Iglesia en algo complicado. Hemos llenado nuestras iglesias con muchas cosas que no están en la Biblia. Hemos centrado nuestras iglesias en edificios que se adaptan a nuestras comodidades y presupuestos con programas que priorizan nuestras preferencias. Pero esto no es lo que Dios llamó a la Iglesia a ser, ni lo que Dios la llamó a hacer.

Así que te desafío a que, junto con otros cristianos de tu comunidad, abran sus Biblias y pongan la Iglesia sobre la mesa. Pregúntenle a Dios qué es más importante para Él en un mundo de necesidades espirituales y físicas urgentes en nuestro entorno y en el mundo entero. Oren juntos: "Dios, haremos lo que quieras que hagamos con todo lo que nos has dado".

Al hacer esta oración, díganle a Dios: "Si eso significa vender nuestro edificio, lo haremos. Si eso significa eliminar todos los programas, lo haremos. Si eso significa reajustar enteramente nuestro presupuesto, lo haremos. Porque queremos más que tu evangelio se propague que conservar nuestras tradiciones, y queremos más que la gente conozca, experimente y disfrute tu esperanza en un mundo necesitado, que las comodidades que tenemos en la iglesia".

Obviamente yo no sé a dónde guiará Dios a tu iglesia en respuesta a esa oración. Cuando hacemos esta oración en la iglesia que tengo el privilegio de pastorear, tampoco sé aún todo lo que Él nos guiará a hacer. Aunque afortunadamente, Dios no nos deja en la oscuridad con respecto a lo que nos ha mandado a hacer. Hace poco repasamos los rasgos esenciales de una iglesia según la Biblia, y son bastante simples y directos:

- Predicar su Palabra.
- Proclamar el evangelio.
- Orar fervientemente y con frecuencia.
- Adorar juntos.
- Dar juntos.
- Amarnos los unos a los otros.
- Ayudarnos los unos a los otros a crecer en Cristo.

- Comprometer nuestras vidas a hacer discípulos y a multiplicar iglesias en todas las naciones.[4]

Entreguémonos por completo a estas cosas, confiando en que la Iglesia realmente puede cambiar el mundo. Si hacemos Iglesia de forma correcta. En un mundo de necesidades urgentes, seamos la Iglesia que Dios nos llama a ser.

4. Corramos la carrera que Dios nos llama a correr

La palabra clave en este desafío final es *correr*. Y no es mi intención desestimar todas las veces que la Palabra de Dios nos llama a *caminar* con Él, ni intento fomentar un ritmo insostenible que nos lleve al agotamiento. No estoy pidiéndote que corras a toda velocidad. Aunque, bueno, tampoco me consta que muchos trabajemos demasiado para la difusión de la esperanza del evangelio en el mundo.

Así que de manera intencional (véase Hebreos 12:1-3), observemos este mundo de necesidades urgentes que nos rodea y no nos quedemos quietos, ni siquiera caminemos, corramos. En este preciso momento.

Pienso en lo que leí en el aeropuerto de camino a casa al final de Lucas 17. Jesús volverá y podría suceder en cualquier momento. Tú y yo estamos parados en este momento a las puertas de la eternidad y ninguno tiene garantizado el mañana. Así que corramos *hoy* mientras tengamos tiempo.

Vivamos con un sentido sagrado de la urgencia, como si hoy fuera nuestro último día. Jonathan Edwards, un pastor que Dios usó para impulsar el Gran Avivamiento de la Iglesia, escribió entre

---

[4] Para acceder a información más detallada sobre este tema, vea: "12 Traits: Embracing God's Design for the Church", <https://radical.net/book/12-traits-embracing-gods-design-for-the-church>.

los propósitos que recitaba cada día: "*Decido* pensar mucho, todo el tiempo, en mi propia muerte y las circunstancias comunes que la acompañan".[5] David Brainerd, quien es conocido porque consagró su vida a la misión de compartir el amor de Dios entre las tribus nativas americanas que tenían poco conocimiento del evangelio, dijo casi las mismas palabras en el diario de su corta vida antes de morir a los veintinueve años. Quizá piensas: "Qué deprimente. ¿Por qué viviría así?".

Esta es la respuesta: porque tú y yo necesitamos recordar que nuestra casa, nuestra salud, nuestra cuenta bancaria, nuestro vehículo, nuestro ejercicio, nuestro trabajo y nuestras comodidades en esta vida no nos garantizan nada en este mundo. Un día (que podría ser hoy), todas esas cosas desaparecerán, por eso debemos recordarnos vivir a diario por lo que realmente perdura.

Necesitamos correr por nuestro bien y por el bien de otros. Por el bien de Kamal, de Sijan, de las niñas que fueron vendidas ayer y de los cuerpos incinerados en piras funerarias hoy. Por el bien de gente como tú y yo que desesperadamente necesitan esa esperanza que no encontrarán en ningún otro lugar del mundo.

Pero no solo por el bien de ellos. Básicamente, por el bien de Cristo, por la gloria de Jesús en un mundo donde quiere ser conocido como el único que puede salvar del pecado, sanar la herida más profunda y dar vida eterna. Como dice en Hebreos 12:2, fijemos los ojos en Jesús y sigámoslo sin desviar la atención de él. Por el bien de Jesús, permite que la realidad del evangelio que está en tu mente llene de pasión tu corazón y te lleve a una necesidad del evangelio en tu vida.

---

[5] S. E. Dwight, *The Life of President Edwards*. New York: G. & C. & H. Carvill, 1830, p. 68, <www.google.it.ao/books?id=kDxTqrWsOq4C&pg=PA70&focus=viewport&dq=editions:ISBN0803974612&lr=&as_brr=0&output=html_text>.

Que todos los pueblos te alaben

A medida que aceptes el desafío que te he propuesto, te puedo asegurar algo: mientras más consagres tu vida a difundir el amor de Jesús en este mundo de necesidades urgentes, más podrás experimentar el gozo de Jesús en tu vida. Te lo aseguro, hay pocas cosas más gratificantes que llevar esperanza a los que sufren, convertirse en familia de los olvidados, anunciar la libertad a los cautivos y guiar a aquellos que se encuentran en el camino hacia la muerte eterna para que puedan conocer la vida eterna.

Quiero llevarte de nuevo a la última mañana en Asia antes de irnos hacia el aeropuerto. Como recordarás, Aaron me dio un tubo que parecía contener un póster. Bien, no era un póster. Era una pintura.

Tan pronto como lo abrí y lo desenrollé, supe de dónde venía. Las niñas del hogar cerca del camino, que habían sido rescatadas del tráfico de personas, acababan de terminarla cuando llegamos a visitarlas. Recuerdo sus rostros sonriendo y riendo con alegría y orgullo por su pintura. Es una imagen del mundo con este versículo escrito hermosamente sobre ella:

QUE TE ALABEN, OH DIOS, LOS PUEBLOS;
QUE TODOS LOS PUEBLOS TE ALABEN (Salmos 67:3)

Ahora miro esa imagen que está en la pared de la sala principal de mi hogar. Es un recordatorio constante del dolor que una vez sintieron esas niñas y de la alegría que ahora conocen. Además, es un llamado incesante para llorar por los que sufren y para guiar mi vida, a mi familia y a mi iglesia a llevarles la esperanza del evangelio.

Así que termino con esta simple pregunta. ¿Qué tiene que transformarse en tu vida para ser parte del cambio que la esperanza de Jesús puede hacer en un mundo de necesidades espirituales y físicas urgentes?

Agradecimientos

Este libro es fruto de la gracia de Dios hacia mí a través de distintas personas y de diversas maneras.

Estoy agradecido a Dios por una reunión un día, en el aeropuerto de Atlanta, con Sealy, Curtis, Chris y Lukas, que devino en este libro casi tres años más tarde. Gracias, hermanos, por su consejo sabio, su apoyo continuo y su aliento personal.

Le doy gracias a Dios por Tina y todo el equipo de Multnomah, particularmente por Bruce y Dave, quienes han sido pacientes conmigo y me ayudaron de formas que yo necesitaba con desesperación, pero no merecía. Gracias, no solo por tomar este proyecto y darle forma con tanta gracia, sino, y más importante aún, por creer en él de todo corazón.

Estoy agradecido a Dios por los amigos que viajaron conmigo y me llevaron por esos senderos, y especialmente por Tim, cuya inmensa contribución hizo que este libro despegara. Por los largos días, las noches frías, las conversaciones desafiantes, el vértigo en la altura, los huesos quebrados, las rodillas hinchadas, las ortigas urticantes, las avalanchas del glaciar, el constante *dal bhat* y el escurridizo panda rojo.

Le agradezco a Dios por los hermanos y hermanas de la International Mission Board [Junta de la Misión Internacional], con quienes tuve el privilegio de servir por cuatro años. Le doy gracias a mi Dios de que cada vez que los recuerdo, siempre oro por ustedes con alegría, porque nuestro compañerismo en el evangelio trasciende toda posición particular.

Le doy gracias a Dios por los miembros de la Iglesia Bíblica McLean, a quienes tengo el inmerecido privilegio de pastorear. Que podamos administrar el tesoro de la gracia de Dios que nos ha confiado, de difundir la gloria de Dios a todas las naciones, comenzando por el lugar en donde vivimos, Washington D.C.

Estoy agradecido a Dios por la vida de Chris, Jackie y todo el equipo de Radical. He sido bendecido sin límites al servir en la Iglesia cumpliendo la misión de Cristo al lado de ustedes, y estoy muy entusiasmado por las oportunidades que vienen por delante para todos nosotros juntos.

Le agradezco a Dios por mi familia. Escribir un libro es difícil, pero escribir la carta que mencioné al principio de este libro es infinitamente más difícil. Ustedes son más preciosos para mí de lo que puedo expresar con palabras. Heather, Caleb, Joshua, Mara e Isaías: gracias por la forma en que me aman. Aparte de ser un hijo de Dios, el mayor honor que tengo en la vida es ser esposo y padre.

Agradezco a Dios, sobre todo, por el evangelio. No tengo manera de explicar por qué estoy escribiendo cuando tantas personas están sufriendo en los caminos que describo en este libro; muchos, sin conocimiento en absoluto del evangelio. Sus rostros están continuamente delante de mí, y oro que la gracia que Dios me ha concedido, de algún modo, lleve frutos para su bien y su gloria.

"A él le toca crecer, y a mí menguar" (Juan 3:30).

Acerca del autor

DAVID PLATT es autor de tres éxitos de ventas del *New York Times*, incluyendo *Radical*. Es pastor principal en la Iglesia Bíblica McLean, en el área metropolitana de Washington D.C., y expresidente de IMB [International Mission Board (Junta de la Misión Internacional, en inglés)] y fundador de Radical Inc., un centro mundial para aquellos que aún no han sido alcanzados, que ayuda a las iglesias a cumplir la misión de Cristo. Platt obtuvo una Maestría en Divinidad (MDiv), una Maestría en Teología (ThM) y un Doctorado en Filosofía (PhD) en el Seminario Teológico Bautista de Nueva Orleans. Vive en Virginia con su esposa e hijos.